Inside Formel 1

Vater-Sohn Reflexionen aus 70 Jahren Motorsport. Jarno Trulli im Toyota, GP Monaco 2006

Daniel Reinhard

Inside Formel 1

Eine Motorsport-Zeitreise – 1950 bis heute

Inhalt

Vorwort ▶ 6

1 »Ich habe dich gesehen!« ▶ 10

2 Hollywood lässt grüßen ▶ 16

3 Der Virus Rennsport ▶ 22

4 Mercedes-Benz sucht Schutz ▶ 32

Special 1 »Dass Sie dieses Dokument noch haben ...« ▶ 36

5 Faszination Steilwand ▶ 38

6 Einstieg ins F1-Sponsoring ▶ 50

7 Gipfelstürmer ▶ 54

Special 2 Von der Rennstrecke in die Druckerei ▶ 66

8 »Dani, diese Aktion war von dir geplant« ▶ 72

Special 3 Die Schlammschlacht meines Lebens ▶ 74

Special 4 Mit Pyrowerk auf Funkenfang ▶ 78

9 Vettel, der Skispringer ▶ 84

10 Die Außerirdischen ▶ 86

11 Lautloses Konzert ▶ 86

Special 5 Die familiäre Kamerageschichte ▶ 98

12 Das Space Shuttle ▶ 102

13 Das Bild, das Ron Dennis nicht kaufen konnte ▶ 110

14 Pechvogel im Quadrat ▶ 112

15 ... und wenn der Gummi platzt ▶ 110

Special 6 Autogrammkarten ▶ 136

16 Die wilden Welpen ▶ 140

17 Vom Markenzeichen zum filigranen Kunstwerk ▶ 148

18 Höchstleistung bis zu letzten Sekunde ▶ 156

19 Helfen und sterben für den Rennsport ▶ 160

Special 7 Pleiten, Pech und Pannen ▶ 168

20 Genie auf vier Rädern ▶ 170

21 Stille Helden ▶ 178

22 »Dem Dani das Bild versaut« ▶ 182

23 Der Gefügelsalat ▶ 196

24 Trofeo Lorenzo Bandini ▶ 204

Special 8 Da staunte selbst Peter Sauber: Das Verhältnis zwischen Dollar und Franken ▶ 208

25 Schumachers Eintrag in meine Krankenakte ▶ 210

26 Nackte Tatsachen ▶ 216

27 Drive in ▶ 222

28 Schlaflos in Le Mans ▶ 230

Special 9 Männer und Mythen: Gesichter für die Ewigkeit ▶ 242

30 Das Herz der Rennwagen ▶ 260

31 Suzuka zum Ersten und zum Zweiten ▶ 270

32 Der letzte Schreck ▶ 274

Zum Autor ▶ 286

Impressum ▶ 288

Vorwort

Bilder schreiben Geschichte und Geschichten kreieren Bilder

Ereignisse, die mit starken Emotionen verbunden sind, speichern wir in unserem Gedächtnis ab und können sie später immer wieder in Bildform abrufen. Mit der Zeit verändern sich diese Bilder in unserem Gedächtnis – durch bewusstes oder unbewusstes Dazutun von Elementen. So sind wir sicher, damals ein rotes Auto vor einem Landgut unter strahlend blauem Himmel gesehen zu haben. Dabei war die Sonne damals von Wolken bedeckt und das Auto war bei weitem nicht so edel und wertvoll, wie wir es im Kopf haben. Anders die Aufnahme eines Fotografen.

Die Kamera fängt nur einen ultrakurzen Moment ein und macht ihn zu einem Zeitdokument. Dieses zeigt unseren Nachfahren auf, wie es früher wirklich war.

Das andere Buch

Es ist der Wunsch jedes Fotografen, seine Bilder einmal zwischen zwei Buchdeckeln zu präsentieren. Auf diese Weise entstanden zigtausend Bücher über den Motorsport und im Speziellen über die Formel 1. Doch am Ende sind sich alle sehr ähnlich. Im Zentrum steht der Sport mit seinen Resultaten und Ereignissen, nicht aber die Entstehung und Hintergründe einzelner Bilder.

Ganz anders dieses Buch. Es listet für einmal keine motorsportlichen Statistiken, wie Weltmeistertitel, Sieger oder Verlierer auf, auch rückt es nicht die immer wiederkehrenden Reihen der besten Bilder ins Zentrum. Vielmehr soll es einen Blick hinter die Kulissen des Motorsports aus der Sicht von zwei Fotografen, meinem Vater Josef und mir, werfen. Wir haben das Geschehen seit 70 Jahren mit verschiedensten Kamerasystemen, einerseits mit Schwarzweiß-Filmen, über Farbdias bis hin in die digitale Welt festgehalten: von Juan-Manuel Fangio bis Lewis Hamilton.

Mehrere hunderttausend Motorsportaufnahmen stapeln sich mittlerweile in unserem Archiv. Darin zu wühlen war spannend und aufregend zugleich. Als ich das eine oder andere Bild in den Händen hielt und intensiv betrachtete, sind auf einmal die Protagonisten lebendig geworden und haben mir ganz spezielle Geschichten erzählt. Dazu passen die Statements zweier Motorsportgrößen. So sagte Walter Röhrl über Fotos: »Für mich sind sie eine tolle Zeitreise in die Vergangenheit.« Und Jackie Stewart meinte: »Fotografien wecken all die großen Erinnerungen, nicht nur die Schönen, auch all die Traurigen.«

Ganz nah dran

Journalisten sitzen im überhitzten oder völlig unterkühlten, aber immer trockenen Media-Center. Dort beobachten sie Training oder Rennen auf diversen Bildschirmen. Gleichzeitig werden sie von allen Seiten mit Informationen gefüttert. Nur höchst selten nehmen sie sich die Zeit und stellen sich an die Rennstrecke. Sie schreiben also über Ereignisse, die sie nicht aus nächster Nähe mitbekommen haben. Was spürt man mit dem Knie an der Leitplanke bei der alles entscheidenden Qualifikationsrunde eines Ayrton Senna in Monaco? Wie kommt es rüber, wenn der Fahrer voller Frust oder mit großer Freude aus dem Auto steigt? Wie lässt ein Pilot nach dem ersten Sieg den Emotionen freien Lauf? Und wie fühlt es sich an, wenn man dem Tod direkt in die Augen schauen muss?

Im Gegensatz zu den Journalisten wird von uns Fotografen erwartet, dass wir immer genau dort stehen, wo sich das Geschehen durch besondere Dramatik abspielt. Um die wirklich wichtigen Bilder zu bekommen, müssen wir ran, nah ran und manchmal sogar fast zu nah ran. Nur direkt an der Front gibt es DAS BILD und auch nur in DEM einzigen, ultrakurzen MOMENT. Davon kristallisiert sich meist auch nur ein alleiniges Bild heraus, das besser ist als alle anderen. Nur Bruchteile von Sekunden später ist alles vorbei und die Situation lässt sich nicht wiederholen. Anders die Arbeit der Journalisten: Sie können den dramatischen Moment auch noch Minuten später mit viel Fantasie beschreiben. Auch wenn sie ihn nie mit den eigenen Augen gesehen haben.

Es klingt verrückt, aber rechnen wir die Belichtungszeiten aller 320 im Buch gezeigten Rennaufnahmen zusammen, so entsteht dadurch eine Gesamtarbeitszeit von 66,658 Sekunden. Für diese am Ende alles entscheidende Zeit waren mein Vater und ich 70 Jahre lang rund um den Globus im Einsatz. Dabei hatten wir stets nur etwas im Fokus: das Bild, welches uns beide überlebt und unseren Nachkommen eine Geschichte erzählt.

Hans Herrmann und Sebastian Vettel diskutieren über ihre Zeit im Rennsport. Von den beiden erhielten wir je einen handgeschriebenen Brief.

Am 26.3.1989 wurde zum letzten Mal in Rio de Janeiro, auf der wohlklingenden Rennstrecke von »Jacarepagua«, zum GP von Brasilien gestartet. Ayrton Senna (McLaren) im Sandwich von Gerhard Berger (Ferrari) und Riccardo Patrese (Williams).

1 »Ich habe dich gesehen!«

Augen-Blick und Durch-Blick

Heinz-Harald Frentzen sagte nach dem Qualifying zum GP Spanien im Jahr 2002 zu mir: »Du bist vorher in der Linkskurve, ausgangs der ersten Schikane gestanden. Ich habe dich gesehen!« Meine verblüffte Reaktion: »Wie konntest du mich da sehen? Woher hast du die Zeit, mich überhaupt zu erkennen?« Die plausible Erklärung Frentzens: »Dani, du bist haargenau an dem Punkt gestanden, wo ich mit meinen Augen den nächsten Einlenkpunkt fixiert habe. Wenn du genau da stehst, kann ich dich sehen und auch erkennen. Mein Blick ist dann für einen kurzen Moment auf dich gerichtet. Weichst du auch nur um zwei Meter nach links oder rechts, hast du meinen Fixpunkt verlassen …«, sagte Frentzen mit einem Augenzwinkern.

Die Augen verraten die Gefühlswelt des Menschen. Sie zeigen Emotion und widerspiegeln den Charakter. Gefühlsregungen wie Angst, Freude oder Überraschung lassen sich direkt am Ausdruck der Augen ablesen. Deshalb weigerte ich mich bereits früh, Fahrer mit aufgesetzter Sonnenbrille zu fotografieren. Gesichter mit abgedeckten Augen finde ich unpersönlich und langweilig. Das wichtigste Sinnesorgan für Fahrer und Fotografen ist das Auge. Der eine sieht damit die perfekte Ideallinie, der andere das perfekte Bild.

Buttons Sieger-Blick

Es war herrlich anzusehen, wie sich Jenson Button über seinen ersten GP-Sieg im BAR-Honda anläßlich des GP Ungarn 2006 freute. Ich konnte von ihm im richtigen Moment ein Bild mit unglaublicher Aussagekraft schießen. Das Ergebnis spricht für sich. Denn Buttons Augen sagen mehr als tausend Worte. Kein Journalist der Welt kann den Moment besser beschreiben. Selbst durch den Sucher der Kamera war der »Augen-Blick« zu kurz, um wahrgenommen zu werden. Erst am Computer zeigte sich die volle Kraft des Bildes.

Speziell sind mehrere Aufnahmen, die ich von Andrea de Cesaris machen konnte. Sie sind Ausdruck der unglaublichen Nervosität, unter der der Italiener litt. Als Folge davon verdrehte er dauernd die Augen in alle Richtungen. So sehr, dass manchmal die Pupillen komplett verschwunden waren und nur noch das Augenweiß zu sehen war. Wer weiß, vielleicht waren seine unfreiwilligen optischen Aussetzer auch verantwortlich für die zahlreichen Unfälle in seiner sieglosen F1-Karriere. Der Italiener erhielt deswegen auch den Spitznamen Andrea de »Crasharis«.

Desinteresse am Auto

Heute verstecken sich die Fahrer zusehends vor den Fotografen. Das Halo-System – auch Heiligenschein genannt – hilft ihnen dabei. Es nimmt die Sicht auf den Helm, der wiederum das Gesicht verdeckt. Ist dieses endlich einmal unverhüllt, so sitzt bestimmt eine dunkle Sonnenbrille auf der Nase … Wie sollen so noch emotionsgeladene

Jensen Button realisiert seinen ersten GP-Sieg in Ungarn 2006

> Regen, Steine, Insekten, Fahrtwind, es gab gute Gründe für die Brille, die die frühen Rennfahrer schützte.

Porträtbilder entstehen? Ende der 1950er-, Anfang der 1960er-Jahre gab es den damals bekannten deutschen Fotografen Dr. Benno Müller, Allgemeinmediziner von Beruf. Sein liebstes Hobby war jedoch die Porträtfotografie. Mit seiner Leica und Hasselblad lichtete er die Fahrer und nur die Fahrer der damaligen Zeit ab. Die Autos interessierten ihn überhaupt nicht. Da sich die Trainingstage besser für Porträtaufnahmen eigneten, reiste er meistens am Tag vor dem Rennen wieder ab. Nutznießer war mein Vater, der von ihm nicht selten die bessere Akkreditierung erhielt. Im F1-Lager kursierte mit der Zeit der Spruch: »Dr. Benno Müller geht, jetzt kann das Rennen beginnen!«

Glückspilz Massa, Pechvogel Marko

Bei hohen Tempi würde der Fahrtwind die Piloten beim Sehen hindern. Brillen und Visiere schützen daher die Piloten und sorgen dafür, dass sie wenn immer möglich den Durch-Blick haben. Auch hier ist der technologische Fortschritt gewaltig. Bis in die 60er Jahre trugen die Rennfahrer oft nur ein T-Shirt und schützten Kopf und Augen mit Staubkappe und Brille. Seit 1968 ist der Integralhelm mit Visier Standard. Doch den kompletten Schutz gibt es nicht. Im Monoposto können sich die Piloten nicht hinter einer Scheibe vor Regen, Insekten, dem Fahrtwind oder gar Fremdkörpern schützen. So beendete beim GP von Frankreich 1972 ein Steinschlag die Karriere des Grazers Dr. Helmut Marko. Ein durch Ronnie Peterson aufgewirbelter Stein durchschlug dessen Visier und verletzte das Auge des BRM-Piloten so sehr, dass es durch ein Glasauge ersetzt werden musste. Felipe Massa hatte beim Qualifying zum GP Ungarn 2009 wesentlich mehr Glück. Eine Metallfeder, die sich von Barrichellos Brawn gelöst hatte, durchschlug das Visier des Brasilianers und verursachte bei ihm eine schwere Schädelverletzung. Während einer längeren Operation musste ein Knochensplitter hinter der linken Augenhöhle entfernt werden. Massa hatte Glück. Er trug keine Folgeschäden davon und konnte im Gegensatz zu Marko seine Karriere fortsetzen.

John Surtees und Sebastian Vettel

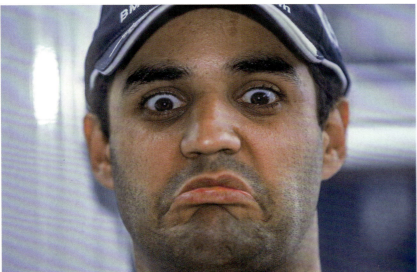
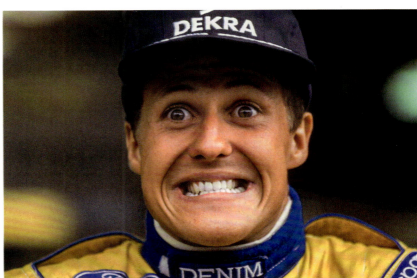

Andrea de Cesaris, Sebastien Buemi, Juan Pablo Montoya und Michael Schumacher

▼ Michael Schumacher prüft die Durch-Sicht

2 Hollywood lässt grüßen

Niki Lauda: 22. Februar 1949 – 20. Mai 2019

Das Jahr 1976 war ein Spezielles. Der große Zweikampf um die Weltmeisterschaft zwischen dem Briten James Hunt und dem Österreicher Niki Lauda spitzte sich im Verlaufe der Saison immer mehr zu. Dann geschah das Schreckliche: der Feuerunfall von Niki Lauda beim Grand Prix von Deutschland am 1. August im Streckenabschnitt »Bergwerk«. Der Österreicher verletzte sich schwer, lag tagelang auf der Intensivstation und kämpfte um sein Leben. Laudas Lunge war von den Feuerdämpfen verätzt, sein Gesicht und seine Hände zeigten schwere Brandwunden.

Damals waren die meisten Rennstrecken wesentlich länger und nur wenige Fernsehkameras fingen entlang der Strecke Bilder ein. Das hatte zur Folge, dass lediglich einzelne Streckenteile im TV zu sehen waren. Als extremstes Beispiel galt der Nürburgring mit seinen 22,835 Kilometern. In dieser Länge stand die Strecke bei Laudas Feuerunfall 1976 zum letzten Mal im Formel-1-Kalender. So überraschte es nicht, dass es vom Horrorcrash keine offiziellen Fernsehbilder gab. Dafür gelangen einem Amateurfilmer die Aufnahmen seines Lebens. Er stand am richtigen Ort und konnte den Unfall mit einer einfachen Super-8-Kamera vollständig festhalten. Nach der Entwicklung des Filmes flimmerten diese Bilder weltweit über die Fernsehgeräte. Heute wäre das komplett anders, da es keinen einzigen Streckenabschnitt mehr gibt, der nicht fernsehüberwacht ist. Die Bilder des brennenden Ferrari 312 T2 würden live ins Wohnzimmer geliefert.

Fokus Lauda

Es grenzte an ein Wunder. Niki Lauda verpasste nach dem verheerenden Unfall nur zwei Grand-Prix-Rennen. Am 12. September, lediglich 42 Tage nach dem Crash auf dem Nürburgring, kletterte er wieder in seinen Ferrari und startete zum GP von Italien. Das Kuriose dabei: Der italienische Rennstall hatte nicht an eine so schnelle Genesung des Österreichers geglaubt und mit dem Argentinier Carlos Reutemann bereits einen Ersatzfahrer verpflichtet. Somit standen in Monza drei Autos der Scuderia Ferrari in der Startaufstellung. Für die zahlreich anwesenden Journalisten war Reutemann aber nicht interessant. Selbst der WM-Zweite James Hunt stand beim GP von Italien komplett im Abseits der Medien. Diese fokussierten sich einzig auf Niki Lauda, der jedoch perfekt abgeschirmt wurde. Ziel aller Fernsehteams und Fotografen war es, ein vielsagendes Porträt des Österreichers zu bekommen, auf dem seine Verbrennungen sichtbar waren. Dann auf einmal war er da. Der ultrakurze Moment, bei dem die Sicht auf Laudas rechte Gesichtshälfte frei war. Meinem Vater gelang in der Menge der Fotografen nur eine einzige Belichtung. Entstanden ist ein ausdrucksstarkes Bild! Lauda fuhr im Rennen übrigens auf den unglaublichen vierten Rang und wahrte sich die Chance auf den Weltmeistertitel gegen den Engländer James Hunt.

»Rotkäppchen« Niki Lauda gut gelaunt

Spital statt WM-Finale

Das letzte Rennen der Saison fand mit dem Grand Prix von Japan zum ersten Mal in Fuji statt. Es bahnte sich ein Hitchcock-Finale an. Lauda führte das WM-Klassement mit 68 Punkten an. Hunt lag nur 3 Zähler zurück. Für meinen Vater und mich war eines klar: Diesen Showdown mussten wir sehen, und zwar live im Fernsehen! Doch für das Schweizer Fernsehen – und wir sind ja Schweizer – war die Übertragung nicht mehr interessant, da Clay Regazzoni keine Titelchance mehr hatte. Anders beim ORF. Diesen konnten wir an unserem Wohnort in Sachseln aber nicht empfangen. Somit mussten wir reagieren. Und so kaufte sich mein Vater extra für dieses eine Rennen ein kleines portables Fernsehgerät, das am Zigarettenanzünder des Autos angeschlossen werden konnte. Mit dem roten VW K70 fuhren wir dann am 24. Oktober 1976 in aller Herrgottsfrühe – das Rennen wurde nach mitteleuropäischer Zeit bereits um 6 Uhr gestartet – in die Berge. Mit dem laufenden Fernseher auf der Motorhaube steuerte mein Vater das Auto langsam durch die Wildnis, bis wir in einer Waldlichtung den ORF einigermaßen empfangen konnten. Zwar ließ die Bildqualität zu wünschen übrig, doch das war nicht relevant. Dafür konnten wir Heinz Prüllers Kommentar perfekt hören, womit wir bei diesem wichtigen Ereignis live dabei waren! Das dachten wir zumindest. Denn der Start wurde infolge starken Regens immer wieder nach hinten verlegt. Endlich war es soweit und die Piloten saßen bereit für den großen Showdown in ihren Autos. Doch dann passierte das Unglaubliche. Auf einmal fuhr ein Jäger mit seiner Enduro-Yamaha an uns vorbei. Er konnte es nicht fassen, was er flüchtig gesehen hatte: Früh am Morgen schauten zwei Menschen in freier Wildbahn mit einem mobilen Fernsehgerät auf der Motorhaube fern … Um sich zu vergewissern, ob das tatsächlich der Wahrheit entsprochen hatte, drehte er sich noch einmal auf seinem Motocross-Bike um. Da geschah es. Er fuhr mitten in einen Holzstapel, der sich neben der Straße befand, überschlug sich und landete auf der Schulter. Mit gebrochenem Schlüsselbein blieb er wenige Meter von uns entfernt stöhnend liegen. Statt das Formel-1-Rennen zu schauen, brachten wir den verunglückten Jäger ins Spital. Und damit verpassten wir, dass Niki Lauda im strömenden Regen das Rennen mit folgender Begründung aufgab: »Ich bin kein Selbstmörder, egal was die ganze Welt jetzt von mir denkt«. James Hunt wurde somit ohne unser »Beisein« Weltmeister.

Mit Lauda im Kino

Die Formel 1 schrieb 1976 ihr perfektes Hollywood Drehbuch. 2013 kam dazu der Film »Rush« in die Kinos. Regie führte der US-amerikanische Regisseur und Oscarpreisträger Ron Howard. Niki Lauda wurde überzeugend von Daniel Brühl gespielt. Mit dem österreichischen Rennfahrer und Motorsportexperten hatte ich über all die Jahre eine gute Freundschaft aufgebaut. So erhielt ich von Lauda eine persönliche Einladung zur Premiere des Kino-Highlights. Zusammen mit Michael Schmidt, Formel-1-Redakteur bei »Auto, Motor und Sport«, den Machern des Films und Nikis engsten Freunden schauten wir den Film im Stadtkino im Künstlerhaus Wien. Für mich war dies eines der ganz speziellen Erlebnisse meiner Fotografenkarriere.

> Damals waren die Rennstrecken noch nicht komplett von den TV-Kameras abgedeckt. Vom Unfall gab es keine TV-Bilder. Aber einem Amateurfilmer gelangen die Aufnahmen seines Lebens. Mit einer einfachen Eumig-Super-8 Kamera konnte er den kompletten Unfall festhalten.

▲ Lauda im ersten Formel-1-Jahr 1972 beim GP Monaco

▶ GP Monza 1976: Alle waren auf der Jagd nach einem Foto, auf dem sein vom Feuer gezeichnetes Gesicht zu sehen war.

Zweimal Niki Lauda: Daniel Brühl stellte die Formel-1-Legende im Film »Rush« überzeugend dar.

3 Der Virus Rennsport

Wie alles begann

Ich, Daniel Reinhard, geboren am 27. August 1960, bin Fotograf in dritter Generation. Während mein Großvater Josef (1901–1975) das Handwerk autodidaktisch erlernt hatte, schloss mein Vater Josef, geboren am 29. Dezember 1931, eine Berufslehre in Luzern ab. Fortan widmete er sich der Reportage-Fotografie. Als Bildjournalist kam er bald zu seinem Spitznamen »Katastrophen-Sepp«, da seine Bilder in den Tageszeitungen oft Unfälle oder andere Katastrophen zeigten. Bereits in jungen Jahren wurde er vom Rennsportvirus gepackt. Eine besondere Faszination übten auf ihn die Grand-Prix-Rennwagen von Mercedes-Benz aus.

Als Jugendlicher verfolgte Josef die Rennen im Radio und vor allem im Kino über die damals beliebten Wochenschauen. Sie zeigten vor dem eigentlichen Kinofilm eine wöchentliche Zusammenstellung von Filmberichten aus der ganzen Welt zu politischen, kulturellen und eben auch sportlichen Ereignissen. Mein Vater hatte im Freundeskreis mehrere Jungs, die genauso verrückt nach Motorsport waren wie er. Einige davon fuhren später mehr oder weniger erfolgreich regionale Rennen.

Immer mehr Rennen

Bereits als 19-Jähriger stand mein Vater beim GP der Schweiz in Bern 1950 am Streckenrand. Ausgerüstet war er mit einer Leica M und einer zweiäugigen Rolleiflex 6x6, die dann ab 1964 zu meiner ersten Kamera wurde. Die schnellen Autos faszinierten ihn und so fokussierte er sich immer mehr auf die Motorsportfotografie. Jahr für Jahr wuchs die Zahl der besuchten Rennen. Auf Bern folgten Monza und Monaco, später kamen weitere Strecken wie Reims, Hockenheim, Nürburgring, Zandvoort, Brands Hatch und Dijon dazu. Da damals die Schweizermeisterschaft noch von Bedeutung war, fotografierte er auch diverse nationale Rennen.

Mercedes-Mechaniker

Es war schon immer schwierig, die notwendige Akkreditierung für die Rennen zu bekommen. Oft benötigte man dazu ein gutes Beziehungsnetz oder etwas Vitamin B. So erhielt mein Vater dank des guten Kontakts zum damaligen Mercedes-Benz-Rennleiter Alfred Neubauer beim GP Schweiz eine Armbinde als Mercedes-Mechaniker. Damit hatte er natürlich unbeschränkten Zugang zur Boxengasse und konnte ungestört fotografieren.

Als seine Bilder immer häufiger in Publikationen wie der »Automobil-Revue« oder später dem »Powerslide« abgedruckt wurden, war es für ihn einfacher, an die begehrten Akkreditierungen zu gelangen. Manchmal halfen auch ganz kleine Dinge, wie eine große Tafel Schweizer Schokolade, um zum Ziel zu gelangen … Wichtig war auch das Netzwerk unter den Fotografen. Mit den deutschen Berufskollegen Ulrich Schwab, Hans-

Aus finanziellen Gründen musste die eigene Rennfahrerkarriere schon früh begraben werden. 1975 gelang es, im Seifenkistenrennen auf der »Polenstraße« mit Clark-Helm im Tyrrell auf den zweiten Platz zu fahren.

Ein Traum ging 2020 in Le Luc in Erfüllung. Einmal einen F1 fahren.

Peter Seufert und Jutta Fausel pflegte er eine enge Freundschaft und man half sich gegenseitig aus. Mein Vater war damals sehr beschäftigt, erst recht nach dem Tod seines Vaters im Jahr 1975. Hauptberuflich fotografierte er täglich viele Sujets in der Zentralschweiz und führte mit seiner Frau Rosa ein Fotogeschäft mit Papeterie. Trotzdem blieb er dem Rennsport treu, bis ich diese Arbeit von ihm übernehmen konnte.

Hilfe von Dottore Ferrari

Im Sommer 1960 besuchte mein Vater Testfahrten in Monza. Meine Mutter war hochschwanger mit dabei. Der laute Motorenlärm machte mir wohl etwas zu schaffen und ich leitete mein pränatales Unbehagen an meine Mutter weiter. Kurzum: Die Wehen begannen einzusetzen und wurden immer stärker. Bei der Rückfahrt von Monza wurde klar, dass es ohne dringende ärztliche Unterstützung nicht mehr weiterging. Obwohl mein Vater in solchen Situationen eher hilflos ist, steuerte er in Lugano eine Telefonzelle an und begann im Telefonbuch nach einem Arzt zu suchen. Beim Buchstaben »F« stieß er auf den Namen »Dr. med. Ferrari«. Das schien ihm sofort der passende Arzt zu sein. Und siehe da: Dottore Ferrari brachte die starken Wehen zum Stillstand und wir konnten die Heimreise fortsetzen.

Schulpsychologe

Ich bin sprichwörtlich mit Benzin im Blut auf die Welt gekommen und aufgewachsen. Um mich herum war immer mein fotografierender Vater, der vor allem Autos ablichtete. Das war nicht immer von Vorteil. Meine Kindergärtnerin, eine Nonne, fand im Jahr 1967, dass mit meinem Verhalten etwas nicht stimmte. Aufgrund der Bilder, die ich zeichnete, schickte sie mich zum Schulpsychologen. Nach einer ausführlichen Therapiesitzung gab dieser Entwarnung. Es stellte sich heraus, dass all die dunklen Bilder, die ich malte, nichts Außergewöhnliches waren. Ich hatte lediglich die Abzüge meines Vaters, der in Schwarzweiß fotografierte und die ich nach den Rennwochenenden bewunderte, als Vorlage für meine Zeichnungen genommen. Demzufolge war es logisch, dass ich nur mit schwarzer Farbe malte und die Sujets aus Rennstrecken und Rennautos, manchmal gar nur mit drei Rädern, bestanden. Oder anders ausgedrückt: Für mich gab es damals gar keine Farben. Meine Bilderwelt entsprach den Schwarzweiß-Fotografien. Übrigens: Selbst Jahre später im Gymnasium fand ich das Zeichnen von Rennwagen im Unterricht viel spannender, als den langweiligen Lateinstunden zu folgen.

Der Unfall

Mein erstes Autorennen erlebte ich 1965 im zarten Alter von fünf Jahren. Es war ein Bergrennen in der Zentralschweiz und führte von Grafenort hinauf ins Klosterdorf Engelberg. Vater Josef platzierte mich in der ersten Haarnadelkurve im Zuschauerbereich und begab sich dann in die Fotografenzone. Von dort hatte er mich stets im Blickfeld. Als sich nach kurzer Zeit der Zürcher Werner Biedermann mit dem wunderschönen Ferrari 250 LM verbremste und über den Abhang in die Tiefe purzelte, rannte ich sofort los, direkt über die Strecke, hin zu meinem Vater. Dort wollte ich ganz genau sehen, was passiert war. Das kam bei den Kommissären überhaupt nicht gut an. Mein Vater bekam einen Verweis und ich wurde von ihm in die Mangel genommen. Zum Glück blieb der Fahrer unverletzt. Vom Unfall war er aber derart geschockt, dass er seine Rennfahrerkarriere sofort beendete. In mir aber entfachte der Crash das Rennsportfieber.

Zum ersten Mal auf einer Tribüne saß ich zusammen mit meiner Mutter am 13. Oktober 1968 bei einem Formel-2-Rennen in Hockenheim. Ich erinnere mich noch genau an den schweren Unfall eines Seitenwagens eingangs Motodrom. Und ich kann jederzeit die Bilder von Jo Siffert im weißen Lola T102-BMW M12 abrufen, genauso wie diejenigen des gigantischen Staus hinaus aus der Querspange (Presseparkplatz) bis hin zur Autobahn. Die Tribüne, auf der wir damals saßen, musste 2019 dem neuen Porsche Experience-Center weichen.

Volle Blase

Meinen ersten Formel-1-GP, immer noch auf der Tribüne, erlebte ich 1972 in Monaco. Für das jährliche Motorsport-Highlight war mein Vater mit meiner Mutter und mir für ein paar Tage nach Monte-Carlo gereist. Da sich meine Mutter jedoch nicht wirklich für den Rennsport interessierte und die Tribünenplätze bereits damals teuer waren, durfte ich mit meinen zwölf Jahren das Rennen alleine verfolgen. Fürsorglich brachte mich mein Vater vor dem Start auf meinen Platz an der Start-Ziel-Geraden und sagte mir, dass ich hier sitzenbleiben soll, bis er mich wieder abholen würde. Wettertechnisch war es aber ein fürchterlicher Tag und es begann immer mehr zu regnen. Ich kann mich noch genau erinnern, dass man nach Rennstart das erste Auto sah und dann durch dessen Gischt absolut nichts mehr. In der Mitte des Rennens begann plötzlich meine Blase zu drücken. Ich hatte aber keine Ahnung, wo sich die Toilette befand. Zudem hatte ich Angst, dass ich meinen Tribünenplatz nicht mehr finden würde. Da ich auch kein Wort französisch sprach und mir

Schwarzmalerei die zum Schulpsychologen führte

Klein Daniel mit der Rolleiflex 6x6, signiert von Dan »Daniel« Gurney.

Die ersten eigenen Versuche, bewegte Objekte zu fotografieren. Ortsdurchfahrt Sachseln 1973

klar wurde, dass mir kaum jemand helfen konnte, pinkelte ich während des Rennens in die Hose. Bemerkt hat das niemand, da sowieso alle Zuschauer vom Regen komplett durchnässt waren.

Schweizer-Sieg im ersten Rennen

1973 durfte ich meinen Vater erstmals zum 1000-Kilometer-Rennen nach Monza begleiten. Dort wollte ich unbedingt auch selber fotografieren. Um dafür gewappnet zu sein, stellte ich mich mehrere Tage zuvor an die Kuppe unserer Ortsdurchfahrt und lichtete vorbeifahrende Personenwagen ab. Natürlich war deren Tempo mit demjenigen der Rennwagen in Monza nicht vergleichbar. Aber ich bekam ein Gefühl, wie man fahrende Autos fotografiert.

In den Jahren 1976 bis 1978 fotografierte ich bereits ohne väterliche Aufsicht diverse Läufe der Schweizermeisterschaft. Da ich noch keinen Führerschein besaß, reiste ich mit Thomas Suter, der damals für das aus dem »Powerslide« entstandene »Motorsport aktuell« schrieb, zu diversen Rennen. In derselben Zeit entstand auch die sehr enge Freundschaft zu meinem Berufskollegen Jimmy (Jean-Pierre) Froidevaux (verstorben am 26. Juli 2019, nur kurz vor seinem 75. Geburtstag). Am 14. Juli 1979 hatte ich in Silverstone meine Formel-1-Premiere ohne Unterstützung meines Vaters. Die in der Grafschaft Northamptonshire gelegene topfebene Rennstrecke war bei den Fotografen überhaupt nicht beliebt. Zu weit befanden sich die Fotozonen von der Strecke entfernt. Viele reisten deshalb gar nicht an. Ich plante mir das Rennen während einer Interrail-Reise von London nach Schottland ein und hatte keine Ahnung, was mich erwartete. Unter Abwesenheit der meisten Schweizer Motorsport-Journalisten gewann Clay Regazzoni das Rennen vor René Arnoux und Jean-Pierre Jarier. Damit holte der Schweizer den ersten Sieg für das britische Williams-Team. Für mich war das ein absoluter Glücksfall. Ich war zur richtigen Zeit am richtigen Ort. Während ich meine Reise nach Schottland fortsetzte, brachte Adriano Cimarosti, Sportredaktor der Automobil-Revue, meine Aufnahmen mit dem nächsten Linienflug in die Schweiz zurück. Dort fanden sie den direkten Weg in verschiedene Zeitungen.

Kopfüber

Kurz darauf folgte eine schwierige Zeit. Bei mir wurde ein Knochentumor festgestellt und es

GP Monaco 1972. Niki Lauda im March vor dem Sieger Jean-Pierre Beltoise im BRM..

Der Virus Rennsport

Enge Freundschaft unter Berufs-Kollegen. Uli Schwab, HP Seufert und mein Vater (mit Strohhut). Die Bilder schoss die vierte im Bunde: Jutta Fausel.

folgten mehrere Operationen. Dadurch sank mein Interesse am bevorstehenden Medizinstudium auf den Nullpunkt und ich wollte nur noch Fotograf werden. So bewarb ich mich an der Fachhochschule Höhere grafische Bundes-, Lehr- und Versuchsanstalt in Wien, Abteilung Fotografie, für ein vierjähriges Studium. Die Aufnahmeprüfung fand am Donnerstag, dem 26. Juni 1980 in Wien statt. Direkt nach der Prüfung flog ich zurück in die Schweiz, wo mich mein Vater am Flughafen abholte. Noch in der Nacht sollte meine Reise mit dem Auto weiter nach Le Castellet zum GP Frankreich führen. Doch in Därligen am Thunersee wurde meine Fahrt abrupt gestoppt. Ein Reh sprang direkt vor mir über die Leitplanken auf die nasse Fahrbahn. Mein Ausweichmanöver im Alfasud ti endete auf dessen Dach. Das Reh entkam unverletzt. Dem Fahrer des entgegenkommenden Fahrzeuges verdanke ich bis heute, dass es nicht zu einer Anklage wegen »Nichtbeherrschen des Fahrzeuges« gekommen ist. Etwas, was in der Schweiz im Fall weiterer Verkehrsdelikte noch über Jahre wie ein Damoklesschwert über einem hängt und versicherungstechnische Konsequenzen haben kann. Der Fahrer brachte zuerst seinen geschockten Vater nach Hause und kehrte dann zur Unfallstelle zurück, um mich mit seiner Aussage bei der Polizei zu entlasten. Einem 19-Jährigen in einem Alfasud ti, der auf dem Dach gelandet ist, hätte man die Geschichte mit dem Reh wohl kaum abgenommen. Dass ich zu schnell unterwegs war, versteht sich von selbst. Ebenso, dass der GP Frankreich ohne mich stattfand …

Nach Wien folgte die Selbstständigkeit

Während der Ausbildung in Wien führte ich die Motorsportfotografie so intensiv wie möglich weiter. Ich besuchte diverse Rennen in Österreich und den benachbarten Ländern und knüpfte Kontakt zur »auto-revue«. Diese druckte meine regionalen (Rallye-Cross in Melk) und internationalen Bilder (Tourenwagen-EM in Brünn) ab. Axel Höfer, bereits damals ein redaktionelles Urgestein, wurde meine Bezugsperson. Daraus entstand eine Freundschaft, die wir noch heute pflegen.

Im Sommer 1984 schloss ich mein Studium in Wien ab. Ich blieb ein weiteres Jahr in der österreichischen Hauptstadt und wurde Fotoassistent im »Studio 2« bei Fred Peer. Natürlich nahm ich den Job nur unter der Bedingung an, weiterhin einige Rennen besuchen zu dürfen. Mit Fred entstand ebenfalls eine intensive Freundschaft. 1986 kehrte ich in die Schweiz zurück und machte mich selbstständig.

Das Heft 18 von Auto, Motor und Sport erschien 1960 an meinem Geburtstag, dem 27. August. 27 Jahre später begann ich selbst für dieses tolle Magazin zu arbeiten.

> Wer hätte einem 19-Jährigen in einem schnellen Alfasud wirklich das mit dem Reh geglaubt?

◄ Das Bergrennen Grafenort-Engelberg 1965 war mein erster Kontakt in die Szene. Werner Biedermanns havarierter Ferrari 250 LM.

Josef Reinhard mit seinem ersten Auto, einem Goggomobil, zusammen mit seinem Jugendfreund Fredi Baumann im Cooper-Rennwagen nach einer Testfahrt, natürlich auf öffentlicher Straße.

4 Mercedes-Benz suchte Schutz

Die ersten Dokumente

Unsere ersten Aufnahmen eines Rennwagens stammen aus dem Jahre 1946. Gleichzeitig sind sie mit einer spannenden Geschichte verknüpft.

Mercedes-Benz brachte seine Grand-Prix-Autos kurz vor Kriegsbeginn zum Schutz vor Zerstörung in die Schweiz. Im Keller der Mercedes-Benz-Niederlassung in Schlieren bei Zürich wurden sie hinter einer schützenden Mauer versteckt. Mein Großvater pflegte damals eine freundschaftliche Beziehung zu Helmut Hirzel, dem Chef der damaligen Mercedes-Benz Schweiz AG. Deshalb bekam er die Information, dass die Rennwagen kurz nach Kriegsende für einen Funktionstest aus dem Versteck geholt werden sollten. Der Grund: Der deutsche Autobauer zog in Betracht, mit einem dieser Autos am Indy 500, dem ersten offiziell ausgeschriebenen Rennen, teilzunehmen. Wie man auf den Bildern sehen kann, läuft in der Ausfahrt der Tiefgarage der Mercedes-Benz W165 mit dem 1,5-Liter-V8-Motor, der extra für den Großen Preis von Tripolis vom 7. Mai 1939 entwickelt worden war. Ganz zur Begeisterung meines damals 15-jährigen Vaters war bei diesem Funktionstest der deutsche Rennfahrer Rudolf Caracciola anwesend. Mit der Rolleiflex entstanden ein paar rare Mittelformat-Fotodokumente.

Mercedes-Benz wurde dann aber die Einreise der Rennautos in die USA verweigert. Caracciola musste deshalb mit einem amerikanischen Marmon das Training zum Indy 500 in Angriff nehmen. Er kam aber nicht weit. Bei hoher Geschwindigkeit flog ihm ein Vogel ins Gesicht. Caracciola musste daraufhin Forfait für das Rennen geben. 1952 verunglückte der seit 1946 mit Schweizer Staatsbürgerschaft in Lugano lebende »Karatsch« mit einem 300 SLR schwer. Er kollidierte beim Sportwagenrennen anlässlich des GP Schweiz in Bern mit einem Baum und wurde mit dreifachem Bruch des Unterschenkels aus dem Auto geborgen. Eine großartige Rennfahrerkarriere fand damit ihr Ende. 1959 starb Caracciola in Kassel.

Der Mercedes-Benz W165 Silberpfeil beim Testlauf 1946 in Schlieren bei Zürich

Rudolf Caracciola lässt den Mercedes-Benz 300SLR durch das Kieswerk am Bremgartenring fliegen.

Das Ende einer großen Karriere. Der schwer verletzte Caracciola wird nach seiner Kollision mit einem Baum von zwei Schweizer Soldaten weggetragen.

Mercedes-Benz suchte Schutz 35

SPECIAL

»Dass Sie dieses Dokument noch haben ...«

HANS HERRMANN STUTTGART 9. Aug. 55.
HAUPTSTÄTTERSTR. 91
TELEFON 07211 40222
Werastr. 47

Lieber Herr Reinhard!

Zuerst möchte ich mich für Ihren lb. Brief nebst Bildern herzlichst bedanken.

Mich zu entschuldigen, für das lange Ausbleiben meiner Antwort, getraue ich mich kaum mehr, den dazu ist es schon zu lange her. Aber ich habe Sie deshalb nicht vergessen.

Mit meinem Gesundheitszustand bin ich sehr zufrieden, u. glaube bis in 2 Monaten wieder ganz hergestellt zu sein, nur sind bis dahin leider auch fast schon alle Rennen gelaufen u. kann so mich nur auf Mexico mit Bestimmtheit rechnen. Bin deshalb aber nicht unzufrieden, den ich muss froh sein, das

alles noch einmal gut abgelaufen ist.

In der Hoffnung, dass auch Ihnen gut geht, grüsst Sie

Ihr
Hans Herrmann

Lange Zeit war der Brief das wichtigste Medium für Kommunikation. Mit dem Fax kam Ende der 70er-Jahre des letzten Jahrhunderts eine wesentliche Erleichterung hinzu. Kurz darauf folgte die E-Mail und ab 1992 die SMS. Heute findet der Großteil des Informationsaustausches auf Social-Media-Plattformen statt. Sie ermöglichen es, Textnachrichten, Bilder und Videos in beliebiger Form einander zugänglich zu machen. Wir können uns derzeit kaum noch vorstellen, wie es war, als der Brief das Hauptmedium war. Von Hand, oder mit der Schreibmaschine geschrieben, möglichst fehlerfrei, um sich ja keine Blöße zu geben, wurde er mit der entsprechenden Briefmarke versehen von A nach B geschickt. Oft dauerte es Wochen, bis der Empfänger antwortete.

Hans Hermanns Brief von 1955

Sobald die Bilder vom Rennen entwickelt waren, stellte der Fotograf oft auch dem Rennfahrer per Post ein paar gelungene Aufnahmen zu. Das war Bestandteil guter Umgangsformen und wurde von meinem Vater Josef so praktiziert. Genau so ein Briefwechsel fand 1955 zwischen meinem Vater und dem damaligen Mercedes-Formel 1-Fahrer Hans Herrmann aus Stuttgart statt.

Glücklicherweise hob mein Vater alle Briefe akribisch auf. Als ich Herrmann 2018 anlässlich eines Interviews für »Auto, Motor und Sport« in Stuttgart traf, legte ich ihm das Dokument vor. Seine Reaktion berührte mich. »Schaut mal her, das ist ja unglaublich!", meinte er. Und als Anspielung auf die hochkommerzielle Formel 1 der Gegenwart sagte er: »Welcher F1-Fahrer würde heute noch einem Fotografen persönlich zurückschreiben und sich sogar für die lange Wartezeit entschuldigen?« Nach kurzem Überlegen fügte er an: »Ich hatte damals einen Unfall in Monte-Carlo, wo mein Mercedes mit blockierter Bremse in der Massenet-Kurve in die Steinbalustrade prallte.

Hans Herrmann liest nach 63 Jahren nochmals seinen eigenen Brief.

Ich erinnere mich noch genau, dass ich den Brief nach dem Spitalaufenthalt geschrieben habe.« Mit Tränen in den Augen las er Satz für Satz des Briefes durch und sagte am Schluss: »Dass Sie dieses Dokument noch immer haben. Das ist einfach sensationell.«

Vettel als Ausnahme der Regel

Es gibt viele andere große Rennfahrer, die sich damals die Zeit nahmen, mit Leuten wie meinem Vater zu korrespondieren. In unserem Familienarchiv befinden sich Briefe von John Surtees, Stirling Moss, Hermann Lang, Louis Chiron, und selbst Mercedes-Rennleiter Alfred Neubauer war sich nicht zu schade, längere Briefe zu verfassen. Auf Hans Herrmanns Aussage zurückzukommen, welcher F1-Fahrer sich denn heute die Zeit nehmen würde, einem Fotografen persönlich zurückzuschreiben, fallen mir nicht viele Namen ein.

Doch wie immer gibt es eine Ausnahme von der Regel. Und die findet sich im vierfachen Weltmeister Sebastian Vettel (siehe Vorwort)!

5 Faszination Steilwand

Die legendären Kurven in Monza und der AVUS

Fotografen lieben Action. Diese findet meist in den Kurven statt. Für spezielle Aufnahmen sorgten zwei legendäre Steilwandkurven. Sie konnten von den Rennfahrern mit extremen Tempi gefahren werden, stellten die Fotografen aber vor spezielle Herausforderungen.

Das Maß aller Dinge waren die beiden richtig hohen Steilwandkurven in Monza und auf der AVUS. Die Steilwandkurve der AVUS entstand im Jahr 1937, um die Rundengeschwindigkeit der im Südwesten von Berlin gelegenen Rennstrecke zu erhöhen. Dazu wurde die Nordkurve mit Ziegelsteinen in eine 43,6 Grad steile Kurve mit bedeutend geringerem Radius umgestaltet. 1967 fand der Rückbau statt.

1954 integrierte man in Monza durch umfangreiche Bauarbeiten den ultraschnellen Ovalring mit zwei 875 Meter langen Geraden in die normale Rennstrecke. Dabei entstanden zwei 320 Meter lange und bis zu 80 Prozent überhöhte Kurven, die enorme Tempi zuließen. Die samt Oval zehn Kilometer lange Strecke war 1955, 1956, 1960 und 1961 Teil der Formel 1. 1957 und 1958 wurde das Oval auch Schauplatz eines einzigartigen Vergleichs: Bei den »Rennen der zwei Welten«, auch »Monzanapolis« genannt, fuhren die Helden des Indy 500 gegen Piloten aus Europa.

Die beiden Porsche 908 LH von Siffert/Redman und Herrmann/Ahrens werden beim 1000-km-Rennen 1969 von drei Ford GT40 verfolgt.

◀ Für die Fans eine Attraktion, für die Fahrer und vor allem für die Autos eine große Herausforderung.

▶ 1000-km-Rennen von Monza 1967, Mike Spence/Phil Hill im sensationellen Chaparral 2F vor dem späteren Sieger, dem Ferrari 330 P4 von Lorenzo Bandini und Chris Amon.

Vitamin B

Für die Fotografen bedeuteten die Steilwandkurven eine Mehrbelastung. Nur wenige Positionen eigneten sich für den richtigen Kamerawinkel und waren heiß begehrt. Wer sich also in Monza einen optimalen Platz ergattern wollte, benötigte – vor allem, wenn er kein Italiener war – sehr viel Vitamin B.

Ab 1965 wurde das Oval in Monza nur noch beim 1000-Kilometer-Rennen von den Sportprototypen befahren. Als auch diese Autos immer schneller wurden, verzichtete man auf die beiden Steilwände. Seit 1970 werden sie nicht mehr befahren. Inzwischen sind sie aufwendig renoviert worden und können für Werbezwecke sowie Film- und Fotoaufnahmen wieder befahren werden.

Der winkende Jo Siffert

Mein Vater bekam mehrmals die Gelegenheit, bei den 1000-Kilometer-Rennen aus einem der Türme auf der Steilwand in die Kurve hinein zu fotografieren. Dabei entstanden einzigartige und bis heute faszinierende Dokumente. Doch es war nicht einfach, Action der Rennautos und Steilheit der Kurve im selben Bild festzuhalten. Dazu mussten beim Fotografen Position und Brennweite stimmen, und der Pilot hatte die Kurve an der richtigen Stelle zu befahren. Daher forderte mein Vater 1968 den Rennfahrer Jo Siffert auf, mit seinem Porsche 908LH möglichst hoch oben in der Kurve vorbeizufahren. Dies tat er einige Runden lang und winkte ihm dabei noch zu. Eine typische Reaktion von Jo »Seppi« Siffert. Er war stets hilfsbereit und tat dies noch mit Freude.

> Lange schienen sie out, doch heute werden plötzlich wieder überhöhte Kurven gebaut, wie das Beispiel Zandvoort zeigt.

Der Zerfall wurde gestoppt und die beiden Steilwände renoviert. Sie sind das Relikt faszinierender Motorsportgeschichte.

Die Steilwand in Monza als Kulturgut mit Patina, vor der Renovation

▶ Formationsflug der beiden Ferrari 250 LM beim 1000-km-Rennen in Monza am 25. April 1965

▶ Die Steilwand aus der Zuschauerperspektive. Der Ferrari 312P von Mario Andretti und Chris Amon zieht oben am Porsche 908 LH von Jo Siffert/Brian Redman vorbei.

▼▼ Das Caracciola-Karussell ist einer der faszinierendsten Fotopunkte in der grünen Hölle. Als Nick Heidfeld die Nordschleife am 28. April 2007 im BMW Sauber F1.06 umrundete, waren inzwischen 30 Jahre seit dem letzten F1-Auftritt auf dieser gefürchteten Strecke vergangen. Ein Hubschrauber stand für den Teammanager Beat Zehnder, der einen Sender für die Funkverbindung mitführte, und mich als Fotograf bereit, um Nicks legendäre Fahrt zu begleiten. Doch es zeigte sich leider, dass der Pilot in keiner Weise ortskundig war. So verlor er den Rennwagen und flog bereits Richtung Belgien, bis ich den Fehler realisierte und ihm den Weg weisen konnte. Am Ende der drei Runden warteten wir in der Luft die Zielankunft ab, der Hubschrauber bewegte sich aber ganz langsam unkontrolliert rückwärts und hätte Beat nicht plötzlich wie durch ein Wunder den Strommast und die Leitungen hinter uns entdeckt, wären diese Zeilen wohl nie geschrieben worden.

Der Mauerbau, mit der Zweiteilung Berlins, von 1961 musste von meinem Vater unbedingt dokumentiert werden. Dazu gehörte natürlich auch ein Bild der Nordkurve auf der AVUS. Das Dia war zwischen Glas gerahmt und hat dabei in all den Jahren doch etwas gelitten, was hier bewusst nicht retouchiert wurde.

6 Einstieg ins F1-Sponsoring

Der Stinkefinger

Emotionen lassen sich perfekt auf Bildern festhalten. Nicht immer ist es die Freude, die ein Rennfahrer zum Ausdruck bringt. Oft sind es auch Frust und Ärger. So zeigte Heinz-Harald Frentzen 1995 im Sauber beim GP von Australien in Adelaide seinem Konkurrenten Mark Blundell im McLaren nach einer Blockade den Stinkefinger. Von der Onboard-Kamera wurde die Aktion perfekt dokumentiert. Sofort kam mir die Idee eines neuen Sponsorings. Ich organisierte mir ein paar neue Handschuhe von Heinz-Harald Frentzen und ließ in professioneller Manier »Foto Reinhard« am rechten Mittelfinger einsticken. Beim nächsten Rennen gab ich ihm die Handschuhe zurück mit der Erklärung: »Du bekommst von mir pro TV-Sekunde hundert Franken.« Heinz-Harald fand die Aktion witzig. Bezahlen musste ich für das Sponsoring aber nie etwas.

Vettels Mittelfinger

Natürlich kam der Stinkefinger noch oft zum Einsatz, meist aber rein spaßeshalber, wie mit Bernie Ecclestone oder Sebastian Vettel. Dieser entdeckte mich bei der »Driver's Parade« zum GP Frankreich in Magny-Cours 2008 am Streckenrand und wechselte seinen erhobenen Daumen für einen ganz kurzen Moment gegen den Stinkefinger. Als er realisierte, dass am Streckenrand weitere Fotografen standen, war ihm die Aktion peinlich. Vettel hatte Glück. Kein anderer Fotograf erwischte den Moment oder gab das Bild an die Medien weiter. Das Beispiel zeigt eindrücklich auf, dass Fahrer, Fotografen und Journalisten oft eine verschworene Truppe sind, zusammenhalten und auch einmal für einen Spaß zu haben sind. Früher natürlich häufiger als heute.

Übrigens: Die hier publizierten Aufnahmen wurden bis jetzt noch nie veröffentlicht.

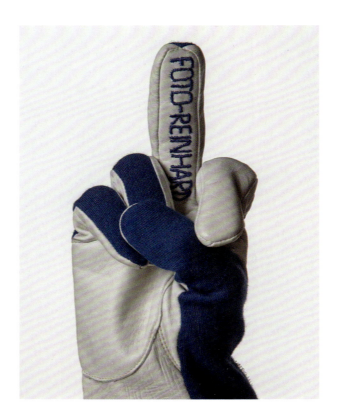

Ein Sponsoring, das nie zum Einsatz kam: der Handschuh von Heinz-Harald Frentzen

◀ Ein schneller Stinkefinger dem Fotografen von Zampano Bernie Ecclestone

Einstieg ins F1-Spnsoring 53

7 Gipfelstürmer

Bergrennen mit Formel-1-Stars

Früher waren im Motorsport nicht nur die Rundstreckenrennen das Maß der Dinge. Genauso beliebt waren Bergrennen. Den Höhepunkt erlebte die Europa-Bergmeisterschaft zwischen den Jahren 1957 und 1969. Dafür entwickelten Hersteller sogar eigene Bergrennwagen, wegen ihrer Leichtigkeit oft auch als Papierflieger bezeichnet. Dazu zählte beispielsweise der Porsche 909 Bergspyder mit lediglich 430 kg und 275 PS. Mit dem Zürcher Willy Peter Daetwyler (1957, Maserati 200 SI), Heini Walter (1960 und 1961, Porsche 718 RSK und RS 60) und Dr. Peter Schetty (1969, Ferrari 212 E Montagna) holten sich drei Schweizer den Berg-Europameistertitel.

Daetwyler musste sich den Titel 1957 jedoch gegen Wolfgang Graf Berghe von Trips, der Ende der Saison auf seinem Porsche immer stärker wurde, hart erkämpfen.

Im folgenden Jahr nahm Trips Revanche und leitete damit die lange Vorherrschaft von Porsche ein. Die Stuttgarter dominierten in den Jahren 1959, 1963 und 1964 mit Edgar Barth, 1960 und 1961 mit Heini Walter und 1966 bis 1968 mit Gerhard Mitter. In dieser kurzen Zeitspanne holten sie sich gleich acht Mal den Titel. Ferrari gewann die Meisterschaft 1962 und 1965 mit Ludovico Scarfiotti und 1969 mit Peter Schetty.

F1 am Berg

Bergrennen zogen damals viele Besucher in ihren Bann. Kein Wunder. Immer wieder nahmen daran auch Formel-1-Fahrer teil. Das war auch bei diversen Rennen zur Europa-Bergmeisterschaft in der Schweiz der Fall. 1964 ging der Australier Jack Brabham mit seinem Brabham in Sierre-Montana an den Start. Ein Jahr später nahm der Brite Jim Clark im asymmetrischen Lotus 38, mit dem er nur wenige Wochen zuvor die 500 Meilen von Indianapolis gewonnen hatte, beim Bergrennen St. Ursanne–Les Rangiers teil. 1968 trat dort auch der Schweizer Jo Siffert im Lotus 49-Ford als frisch gekürter Sieger des GP England an und holte sich den Sieg. Clay Regazzoni tauschte 1977 für ein Rennen das Lenkrad seines Formel-1-Ensign gegen dasjenige eines Formel-2-March-BMW und war Stargast und Publikumsmagnet beim Bergrennen St. Peterzell–Hemberg.

Erschwerte Bedingungen

Für uns Fotografen sind Bergrennen logistisch nicht einfach zu bewältigen. Da wir im Gegensatz zu den Rundstreckenrennen die Fahrer nur einmal zu Gesicht bekommen, muss jede Aufnahme sitzen. Deshalb sind die Trainings für unsere Arbeit genauso wichtig wie das Rennen. Da immer Bilder von der Startatmosphäre sowie Actionaufnahmen von der Strecke gefragt sind, müssen wir uns frühzeitig entscheiden, welches Sujet wir im Training oder im Rennen fotografieren wollen. Der Renntag garantiert attraktivere Bilder vom Start, da die Fahrer von den vielen Zuschauern umgeben

In Indianapolis wird bei Regen nicht gefahren. Jim Clark nimmt 1965 im strömenden Regen das Bergrennen St. Ursanne – Les Rangiers mit dem asymmetrischen Indy-Lotus 38 unter großer Begeisterung der Fans in Angriff.

sind. Dafür reicht es im selben Lauf nicht mehr für Aufnahmen entlang der Strecke. Dumm nur, wenn das Wetter nicht mitspielt. Welcher Fotograf kann schon seinen Kunden mit gutem Gewissen ein Actionbild vom Sieger auf nasser Fahrbahn anbieten, das er notabene im Training geschossen hat – das Rennen am folgenden Tag aber bei strahlendem Sonnenschein stattgefunden hat ... Aufgrund dieser Rahmenbedingungen entstanden bei Bergrennen nur wenige Bilder. So kam mein Vater manchmal mit gerade mal drei Filmen zu je zwölf Aufnahmen nach Hause.

Werbeaufträge

Erschwerend kam hinzu, dass an einem Rennwochenende nicht nur Bilder für Zeitungen und Zeitschriften anstanden. Oft kamen noch Werbeaufträge von Firmen hinzu. So beispielsweise bei Sifferts Start beim Bergrennen St. Ursanne–Les Rangiers im Jahr 1968. Dort wünschte die Reifenfirma Firestone von meinem Vater unbedingt ein Bild mit dem aufgehängten Logo über dem startenden Formel-1-Lotus.

Damals befand sich die Kommerzialisierung des Rennsports erst in den Anfangsjahren. So waren Werbeaufnahmen möglich, die heute undenkbar sind. Einen dieser speziellen Aufträge bekam mein Vater 1971 für das Bergrennen Ollon–Villars von der Wander AG. Diese beabsichtigte, das beliebte Schweizer Kakaogetränk Ovomaltine mit dem Rennsport in Verbindung zu bringen, um höhere Verkaufszahlen zu erzielen. Das Sonderbare daran: Wander hatte weder mit dem Veranstalter noch mit einem der Rennfahrer einen Vertrag. Die Inszenierung in der Vorstartzone des Rennens fand folgendermaßen statt: Zwei Vertreter der Wander AG stolzierten mit Thermoskannen um die Rennautos und bedienten die wartenden Piloten mit einer Tasse heißer Ovomaltine. Mein Vater hatte dies auf Bildern festzuhalten und Wander produzierte daraus praktisch kostenlos ein Werbeposter mit dem Slogan »Ovomaltine – um mehr zu leisten«. Heute müsste der Hersteller des Kakaogetränks bestimmt einen siebenstelligen Betrag hinblättern. Zuständig dafür wäre das Management der Fahrer, das zusammen mit Anwälten wohl während Wochen einen zig-Seiten dicken Vertrag ausarbeiten würde ...

◄ Peter Boner im McLaren beim Bergrennen Campo-Blenio-Luzzone 1969 im Kanton Tessin. Auf der 1963 fertiggestellten Luzzone-Staumauer befand sich der Parc-fermé.

> 36 Aufnahmen – und keine mehr, das war schon eine ausgezeichnete Ausbeute unter den Umständen eines Bergrennens.

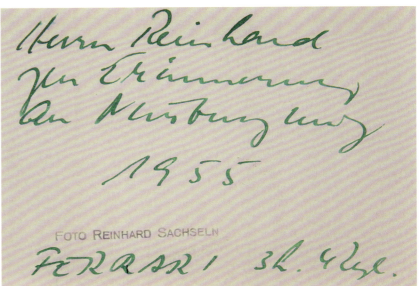

Ein Bild mit persönlicher Widmung von Willy Peter Daetwyler, dem Berg-Europameister von 1957, mit seinem Ferrari 750 Monza, aufgenommen am 29.5.1955 auf dem Nürburgring.

Mit dem Großen Preis von Italien in Monza ging die diesjährige «Grand-Prix»-Saison auf dem europäischen Kontinent zu Ende. Wenn nun die Piloten mit ihren Formel-1-Boliden nach Übersee dislozieren, so befindet sich unter ihnen bereits der Weltmeister des Jahres 1971. Seit dem achten Lauf der Fahrer-Weltmeisterschaft, dem Großen Preis von Österreich in Zeltweg, kennt man ihn: Jackie Stewart, den spleenigen Schotten. – Mit Siegen in den Grand Prix von Spanien (Barcelona), Monaco (Monte Carlo), Frankreich (Le Castellet), England (Silverstone) und Deutschland (Nürburgring) sowie einer Klassierung in Kyalami (GP von Südafrika) sicherte er sich ein so großes Punktetotal, daß ihn kein Konkurrent mehr entthronen kann. – Zusammen mit dem jungen Franzosen François Cevert (links) freut sich Jackie Stewart (auf unserm Bild rechts) über den Erfolg auf dem Nürburgring.

Ovomaltine
um mehr zu leisten

Dank ihres Top-Fahrers Jackie Stewart liegt Ford auch im Markenklassement an erster Stelle. Die Tyrell-Ford-V8-Maschine und ihr weltmeisterlicher Pilot bildeten das imponierendste Gespann der diesjährigen «Grand-Prix»-Saison.

Einer wurde gejagt!

Sie prägten die Rennsaison 1971

Schöne Frauen und heiße Motoren sind eng mit dem Rennsport verbunden. Sowohl Fahrer wie Maschinen brauchen immer wieder «Unterstützung», die einen durch hübsche Holde, die andern durch fachmännische Hände.

Ovomaltine
um mehr zu leisten

Auch sie gehören zur Gilde der etablierten Formel-1-Fahrer: Der Belgier Jacky Ickx (oben, mit Gattin) galt als gefährlichster Gegner von Namensvetter Stewart; der Deutsche Rolf Stommelen (rechts) wartet immer noch auf den ersten Großerfolg.

Autorennfahrer wissen genau, daß OVOMALTINE leistungsfähig macht. An nationalen Rennen wird dieses Aufbaugetränk besonders geschätzt. Claude Haldi (oben) und Arthur Blank (unten) bewiesen dies anläßlich des Bergrennens Ollon–Villars.

Die Schweiz, als Land ohne Rundstreckenrennen, gehört zu den führenden Nationen in der Sparte der schnellsten Motoren. Mit Jo Siffert stellt sie sogar einen der diesjährigen GP-Sieger. Im Großen Preis von Österreich gelang dem Fribourger der zweite «grand coup» in seiner Karriere als Formel-1-Pilot.

Sie prägten die Rennsaison 1971, von links: Weltmeister Jackie Stewart und sein Tyrell-Ford; der Schweizer Clay Regazzoni mit drei GP-Klassierungen und Ferrari-Rennleiter Dr. Peter Schetty, der eben einen Einsatz seines Tessiner Schützlings vorbereitet.

Drei Aufnahmen (Dr. Peter Schetty, Roland Salomon und Silvio Moser) zur internationalen Motorsport-Ovomaltine-Kampagne mit dem Endprodukt.

▲ Il grande Ludovico Scarfiotti auf seinem Ferrari Dino Spyder sitzend

▶▲ Die beiden Porsche 910 Bergspyder von Rolf Stommelen und Gerhard Mitter am Start in Ollon 1967

▶▼ Unglaubliche Zuschauerzahlen rund um die »Holzschlägermatte-Kurve« beim Schauinsland-Bergrennen 1959.

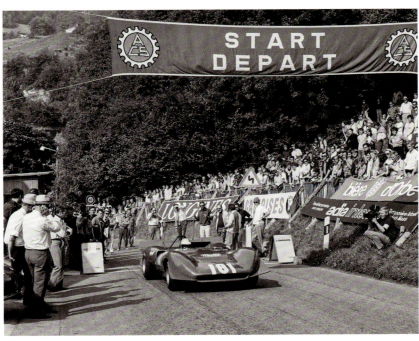

▲▲ Clay Regazzoni mit Markus Hotz am Hemberg 1978

▲ Heini Walter im Porsche 550 Spyder in Mitholz-Kandersteg 1958

▲▲ Fiat Abarth beim Eigental-Bergrennen in Luzern

▲ Dr. Peter Schetty im Ferrari 212 Montagna in Ollon-Villars 1969

Willy Peter Daetwyler im Ferrari
750 Monza am 9.9.1955 auf
der alten Streckenvariante von
St. Ursanne–Les-Rangiers

Nationalheld Seppi Siffert im
Lotus 49 beim Start in St. Ursanne
1968

Rolf Stommelen im Porsche 910
Bergspyder in Ollon-Villars 1967

Schreckmoment endet mit Volltreffer für Josef Reinhard. Der ausbrechende Alfa Romeo TZ von Charles Ramu-Caccia knallt im Schärfebereich der Kamera hinter dem Fotografen in die Absperrung.

SPECIAL

Von der Rennstrecke in die Druckerei

Riesiger Logistikaufwand für ein paar Bilder

Die Formel 1 funktioniert nur dank logistischer Meisterleistungen. Nicht nur die Rennwagen, auch das ganze Equipment muss von Rennstrecke zu Rennstrecke transportiert werden. Ständig auf Achse sind auch wir Fotografen. Früher waren oft Harakiri-Übungen nötig, damit die Bilder rechtzeitig den Weg von der Rennstrecke via Fotolabor zu den Zeitungen und Zeitschriften fanden. Seit der Digitalisierung hat sich unsere Arbeit massiv vereinfacht.

Deadline um Mitternacht

Zur Zeit der analogen Fotografie war jede Minute kostbar. Für meinen Vater und mich stellte sich damals die Frage: Wann mussten wir die Rennstrecke verlassen, damit wir daheim genügend Zeit für die Entwicklung der Bilder hatten. Also rechneten wir rückwärts. Am Montagmorgen mussten wir um fünf Uhr die Papierabzüge im Format 13 x 18 dem Postwagen der Eisenbahn übergeben, damit sie rechtzeitig in Bern bei der »Automobil Revue« und in Zürich bei »Powerslide« (heute »Motorsport Aktuell«) eintrafen. Für die Entwicklung der Filme, die Bildauswahl und die Autofahrt nach Luzern benötigten wir etwa fünf Stunden. Somit war jeweils um Mitternacht unsere Deadline für die Rückkehr nach einem Rennwochenende.

Möglich war dieser enge Zeitplan aber nur, da wir einen eigenen Poststempel besaßen. Wir durften somit den Briefumschlag mit den Aufnahmen zu Hause selber wiegen, frankieren und abstempeln. Ohne diese nicht ganz offizielle Hilfeleistung der Post wären unsere Motorsportbilder nie rechtzeitig bei den Redaktionen angekommen.

Das extremste Beispiel war der GP von Portugal 1986 in Estoril. Da es keinen passenden Direktflug von Lissabon nach Zürich gab, musste ich improvisieren. Also verließ ich das Rennen am Sonntagnachmittag bereits nach fünf Runden. Von der Rennstrecke fuhr ich mit dem Mietwagen nach Lissabon, flog nach Lyon, stieg ins Auto, das ich am Donnerstag am Flughafen abgestellt hatte und reiste zurück nach Sachseln. Just in time um 23.55 Uhr traf ich zu Hause ein und begab mich ins Fotolabor.

Ab 1987 wurde es für mich einfacher. Als Mitarbeiter von »Sport Auto« und »Auto, Motor und Sport« konnte ich die belichteten Farb-Diafilme dem Redaktor Michael Schmidt mitgeben. Dieser ließ sie je nach Redaktionsschluss entweder noch mit einem Spezialtermin am Sonntag in der Nacht oder am Montag in der Früh in Stuttgart entwickeln. Anschließend traf die Redaktion die Bildauswahl und ich holte die restlichen Dias am Dienstag ab. Dieses Prozedere funktionierte gut bei den Rennen in Europa.

Luftfracht aus Übersee

Aus Übersee musste ich sehr oft mit der Luftfracht arbeiten. Ich gab jeweils das Paket mit den Filmen im Frachtbüro der gewünschten Airline ab und ein Volontär der »Motorpresse« holte es in Frankfurt am Flughafen ab. Um das Risiko aufzuteilen, verschickte ich von jedem Trainingstag ein Paket. Beim GP von Japan in Suzuka lief das folgendermaßen ab: Am Freitag um 14.00 Uhr war Trainingsende. Sogleich brachte mich ein Scooter zum Bahnhof von Shirokko, wo ich kurz vor 15.00 Uhr in den vorreservierten Zug stieg. Drei Stunden später kam ich in Osaka an und fuhr mit dem Taxi zum Airport, um die Filme im Frachtbüro aufzugeben. Danach reiste ich zurück nach Suzuka, wo

Wie sich die Zeiten ändern. Ein kurzer Blick in ein einfaches Fahrerlager beim Formel-2-Rennen in Vallelunga 1971.

Von der Rennstrecke in die Druckerei

ich um 23.30 Uhr im Hotel eintraf. Am Samstag wiederholte sich das Prozedere. Am Montag nach dem Rennen reiste ich zurück und nahm die Bilder vom Rennen persönlich mit nach Frankfurt. Bereits in den 1970er-Jahren hatte mein Vater unentwickelte Schwarz-Weiß-Filme aus Südafrika in die Schweiz verschickt. Einmal kamen die sonst runden Hülsen komplett flach bei uns an. Ein schwerer Gegenstand hatte den Beutel zusammengepresst. Zum Glück waren die Filme von Kodak (PlusX und TriX-Pan) und nicht von Ilford (FP4 und HP5). Die Amerikaner verschweißten nämlich ihre Hülsen, während Ilford die Kappen nur draufdrückte. Somit wurde das Filmmaterial nicht dem Licht ausgesetzt und war immer noch brauchbar.

Nächtliches Vogelgezwitscher

Schritt für Schritt brachten die technischen Erneuerungen eine vereinfachte Arbeitsweise mit sich. Mein Freund Jimmy Froidevaux nutzte oft die neusten Innovationen, um seine Bilder schneller als die meisten Kollegen in die Redaktionen zu bringen.

Ende der 1980er-Jahren kaufte er für viel Geld ein Bildfax-Gerät. Mit diesem Kasten, so groß wie ein heutiger Drucker, konnte man aber keine Negative oder Dias, sondern nur fertige Papierbilder übertragen. Oft teilte ich mit Jimmy das Hotelzimmer. Das Bad funktionierten wir in eine Dunkelkammer um und entwickelten die Schwarz-Weiß-Filme. Im Koffer hatten wir ein zerlegbares Vergrößerungsgerät dabei und printeten damit die Bilder. Anschließend übermittelten wir diese stundenlang über das Telefonnetz nach Europa. Das Gerät zwitscherte während der Übertragung wie eine Horde wildgewordener Vögel. Wir mussten die halbe Nacht abwechslungsweise aufstehen, um das nächste Bild zu senden. Durch die stundenlange Telefonverbindung nach Europa stieg die Telefongebühr ins Unermessliche und überstieg die Übernachtungskosten bei weitem.

Als um die Jahrtausendwende die Digitalisierung kam, gab es für uns Fotografen eine massive Entlastung. Bilder konnten gleich nach den Trainings und dem Rennen per Computer an die Redaktion verschickt werden. Dadurch stieg auch die Hektik. Sah man im analogen Zeitalter die Aufnahmen eines Rennens erst Tage später, stehen sie heute bereits während des Rennens im Netz.

70 Jahre Formel 1

In all den Jahren als Motorsport-Fotograf kamen unzählige Arbeitstage zusammen. Allein meine 553 Formel-1-Rennen ergeben mit den beiden Trainingstagen über viereinhalb Jahre, die ich auf den Rennstrecken verbrachte. Die vielen Testtage und Reisetage sind noch nicht eingerechnet. Insgesamt fotografierten wir in den 70 Jahren auf 40 unterschiedlichen Grand-Prix-Strecken, die sich auf 27 Länder rund um den Globus verteilen. Hinzu kommen die Destinationen weiterer Rennserien, wie der Tourenwagen-EM, der IndyCar Series, der Sportwagen-Weltmeisterschaft, der DRM und DTM bis hin zur Formel E.

Drogen im Gepäck

Bei einer derart großen Reisetätigkeit ging ab und zu auch etwas schief. Mein Vater hatte nur ein einziges Mal richtig Pech. Bei der Rückreise vom GP Monaco 1974 führte in Nizza ein Triebwerksbrand einer Swissair-Maschine zum Startabbruch. Die Folge war eine Zusatznacht in Frankreich. Immerhin übernahm damals die Swissair einen Teil des Erwerbsausfalls.

Am meisten ins Schwitzen kam ich 1979 auf dem Rückflug vom GP Holland in Zandvoort. Da wollte tatsächlich der Security-Check in Amsterdam meine belichteten Filmhülsen öffnen, um sich zu vergewissern, dass sich darin keine Drogen befinden. Natürlich war ich damit überhaupt nicht einverstanden und es kam zu einer heftigen Diskussion. Erst nachdem ich dem Beamten den Presseausweis vom Rennen präsentiert und zwei unbelichtete Filmhülsen geöffnet hatte, ließ er mich passieren.

Beinahe gestrandet

Glück hatte ich 2010, als der isländische Vulkan Eyjafjallajökull wütete und praktisch den gesamten Flugverkehr in Nord- und Mitteleuropa lahmlegte. Ich war beim Großen Preis von China in Shanghai, als alle regulären Europa-Flüge ge-

▲▲ GP Italien in Monza 1957: Zwei Werks-Maserati 250F warten auf einem offenen Lastwagen auf ihre Heimreise.

▲ Selbst die F1 lebte einfach. Rob-Walker-Team beim GP Spanien in Barcelona 1969.

▲▲ Als einfache, private Transporte noch möglich waren. Formel Junior auf der Solitude 1961.

▲ Nach einem harten 12-Stunden-Rennen werden die Ferrari 250LM in der Boxengasse von Reims auf die Rückreise vorbereitet.

strichen wurden. Am Sonntagabend nach dem Rennen erreichte mich in einer Sky Bar hoch über Shanghai der Anruf von Michael Schmidt: »Dani, wir müssen sofort zum Flughafen. Es soll eine von Mercedes gecharterte Maschine um drei Uhr nach München fliegen.« Wir fuhren sofort los. Doch beim Check-in teilte man uns mit, dass der Charter nicht fliegen würde. Dafür stand kurzfristig eine Swiss-Maschine bereit, die um 7.00 Uhr ihre Europa-Passagiere zurückfliegen wollte. Mein Glück: Da in der Nacht viele Passagiere vom kurzfristig angesetzten Rückflug nichts mitbekamen, konnte ich einen der letzten Plätze ergattern. Pech hatte dafür Kollege Mathias Brunner, der nicht mit uns zum Flughafen kam und sich für einen Flug über Kuala Lumpur entschied. Er benötigte eine ganze Woche, um nach Hause zu kommen.

Mit nur zwei Brennweiten

In den vergangenen 40 Jahren fotografierte ich über 1000 Motorsportevents. Nur ein einziges Mal musste ich passen. 1990 riss ich mir beim Skilaufen in St. Moritz das Kreuzband im rechten Knie. Kurz nach der Operation fand der GP von San Marino in Imola ohne mich statt. Ich verpasste den Sieg von Riccardo Patrese, war aber zwei Wochen später in Monaco mit Hilfe eines selbst gebastelten Spezialschuhs und einer Krücke wieder dabei. Meine Bewegungsfreiheit war zwar deutlich eingeschränkt und das Equipment mit nur zwei Brennweiten auf ein Minimum reduziert. Das Resultat war aber verblüffend. Das Beispiel verdeutlichte mir, dass es (manchmal) besser ist, sich auf das Wesentliche zu fokussieren.

Am kurzen Hebel

In all den Jahren kamen auch ein paar Konflikte mit den Behörden hinzu. 1982 erwartete mich auf der Rückfahrt von Le Mans 1982 die französische Polizei an der Autobahnzahlstelle in Belfort und gratulierte mir zuerst höflich zum Tagesschnellsten (210 km/h Alfetta GTV6). Dann war es mit der Freundlichkeit vorbei. Um überhaupt weiterfahren zu dürfen, musste ich zweihundert Franken vor Ort bezahlen. Achthundert kamen nach der späteren Gerichtsverhandlung hinzu. Immerhin musste ich meinen Führerschein nicht abgeben.

Richtig schikaniert wurde ich jedoch im Jahr 1990. Ich war auf der Anreise nach Le Castellet zum Sauber-Mercedes C11 Test und wollte in Genf die Grenze passieren. Da verlangte die Zollbeamtin von mir ein »Carnet« (Reisepass für persönliche Waren) für mein Foto-Equipment. Da ich keines besaß – ich musste zuvor noch nie ein solches vorweisen – begann ich mit der Beamtin zu diskutieren. Vergeblich. Sie schickte mich um 11.30 Uhr zurück in die Stadt Genf zur Zollverwaltung, um das Dokument zu holen. Dort war bis 14.00 Uhr Mittagspause. Nach Hinterlegung einer Kaution von 2500 Franken, die ich mir auf einer Bank in bar besorgen musste, bekam ich endlich das »Carnet« und konnte mit gut fünf Stunden Verspätung ausreisen.

Den absoluten Supergau mit Behörden erlebte ich 2011 beim ersten Formel-1-GP in Indien. Einige Tage vor dem GP erhielt ich das Visum zugestellt und kontrollierte es nicht mehr. Zwar stand darin als Einreisegrund GP Indien, gleichzeitig aber lief es am Tag der Ankunft in Neu-Delhi aus! Zuerst wollten mich die Beamten im selben Flugzeug wieder nach Hause schicken. Doch dann zeigte man sich gnädig. Man schickte mich in der indischen Hauptstadt von Büro zu Büro und niemand wollte für die Verlängerung des Visums zuständig sein. Immerhin kam ich auf diese Weise zu einer ungeplanten Stadtrundfahrt. Erst als ich gefühlte 200 Formulare ausgefüllt und mich zwei Tage lang durch alle Beamtenbüros durchgeschlagen hatte, dabei die beiden Trainingstage verpasste, bekam ich den Stempel. Zuerst musste ich aber eine Strafgebühr von 100 Franken für den illegalen Aufenthalt in Indien bezahlen.

Im Fahrstuhl stecken geblieben

Es gab aber auch Ereignisse, die mich am Fotografieren hinderten. 1998 gab es ein solches. Ich hätte in Dublin den Williams-Piloten Jacques Villeneuve ablichten sollen. Kurz vor der Abreise wollte ich noch die Blitzanlage mit all den Stativen in meinem Fotostudio deponieren. Es war ein bitterkalter Abend im Februar. Ich ließ das Auto, einen Mercedes 300 TE, mit offener Heckklappe und laufendem Radio vor dem Gebäude im Industrieareal stehen. Ohne Jacke stieg ich in den Aufzug, um nur wenige Minuten später zurück zu sein. Da passierte es: Der Lift blieb zwischen zwei Stockwerken stehen. Das Gebäude war nachts menschenleer und so musste ich auch nicht um Hilfe rufen. Dummerweise vermisste mich niemand, da ich mich zu Hause für die Reise nach Dublin abgemeldet hatte. Nur durch regelmäßige Bewegung konnte ich mich vor Unterkühlung retten. Um drei Uhr in der Früh gab die Autobatterie den Geist auf und das Radio, das mich noch ein wenig unterhalten hatte, verstummte. Nach einer schlaflosen Nacht wurde ich gegen acht Uhr morgens endlich befreit. Bilder aus Dublin gab es natürlich keine.

Heutige Transporte sind wesentlich professioneller. Egal ob Truck oder Flugzeug, die Autos werden in einen schützenden »Pyjama« verpackt.

Von der Rennstrecke in die Druckerei

8 »Dani, diese Aktion war von dir geplant«

Ein spezielles Fotoshooting mit Michael Schumacher in Monza

Fotoshootings sind immer für eine Überraschung gut. Eine solche erlebte ich bei privaten Ferrari-Testfahrten in Monza im Juli 1997. Auf dem Programm standen spezielle Aufnahmen mit Michael Schumacher für das jährlich stattfindende große »Auto, Motor und Sport«-Interview. Als Hauptsujet war der Ferrari-Star einsam und alleine auf der Start-Ziel-Geraden im Schneidersitz vorgesehen. In der kurzen Mittagspause ist es soweit. Michael begibt sich auf den definierten Platz, winkt den zahlreich erschienenen Fans auf der Tribüne zu und setzt sich auf den heißen Asphalt. Sorgfältig stelle ich die Kamera ein. Da passiert es. Jemand läuft wie aus dem Nichts mitten ins Bild. Als Fotograf drücke ich in so einer Situation reflexartig auf den Auslöser, weiß aber nicht genau, was wirklich abgeht. Dann realisiere ich, dass sich ein Fan trotz abgesperrter Rennstrecke dem Ort des Fotoshootings genähert hat. Michael ist sichtlich irritiert und seine Laune verschlechtert sich. Er versucht dem unbekannten Mann klar zu machen, dass er die Location verlassen soll. Doch dieser denkt nicht daran. In aller Ruhe fotografiert er den damals zweifachen Weltmeister mit einer kleinen Kamera. Und dann geschieht das für Michael und mich unfassbare: Er nähert sich dem Formel-1-Star und küsst ihn auf die Wange. Anschließend verschwindet er unter großem Applaus der Fans genauso wie er gekommen ist – über den meterhohen Sicherheitszaun Richtung Tribüne.

Der Hype um Schumi

Michael war über die unvorhergesehene Einlage nicht begeistert. Trotzdem trug er es mit Fassung und das Fotoshooting nahm seinen gewohnten Gang. Etwas später kam er auf die Situation zurück und meinte lachend zu mir: »Dani, ich kenne dich jetzt schon sehr lange. Das war bestimmt eine von dir geplante Aktion.« Und er ergänzte: »Eine Bitte hätte ich für das nächste Mal. Könntest du nicht dafür sorgen, dass sich der Mann vor dem Kuss rasiert?«

Natürlich hatte ich mit dem Kuss nichts zu tun. Doch daraus entstand eine für mich wertvolle, einmalige, kleine Bildserie. Veröffentlicht wurde sie nie, was ich sehr schade finde. Nur das von Anfang an geplante Bild in perfekter Lichtqualität wurde im »Auto, Motor und Sport« abgedruckt. Rein emotional gesehen zeigen die drei Bilder aber in eindrücklicher Weise den damals unglaublichen Hype um die Person Michael Schumacher.

SPECIAL

Die Schlammschlacht meines Lebens

15.8.1997 Unsere kleine Ortschaft Sachseln gleicht nach der Wasserflut einem großen Trümmerhaufen. Flut und andere Naturkatastrophen gibt es leider immer wieder, so auch 2021 in Ahrweiler und Umgebung.

Normalerweise findet eine Schlammschlacht auf den durchnässten Presse-Parkplätzen oder den Gehwegen neben der Rennstrecke statt. Die schlimmste Schlammschlacht erlebte ich jedoch am 15. August 1997. An diesem schwülheißen Sommertag braute sich in den Bergen oberhalb meines Wohnortes Sachseln ein heftiges Gewitter zusammen. Die meteorologische Lage war einzigartig. Verschiedene Winde verhinderten die Bewegung der Wolkenmassen über längere Zeit. Das hatte zur Folge, dass sich die gesamte Wassermasse praktisch an Ort und Stelle entleerte. Es entstand ein Jahrhundertunwetter.

Stellenweise ist in der Höhe bis zu einem Meter Hagel gefallen. Dazu Regen ohne Ende. Die Wassermasse suchte ihren Weg ins Tal und nahm alles mit, was sich ihr in den Weg stellte. Egal ob Bäume, Schafe, Kühe oder ganze Ställe: Alles wurde Richtung Tal befördert – bis zur ersten Brücke. Dort staute sich alles auf, bis die Brücke unter dem gewaltigen Druck nachgab. Wasser und Schlamm hatten nun ihren freien Lauf und überschwemmten mit unglaublicher Wucht das komplette Dorf Sachseln.

Trauriges Schlammbad

Zur gleichen Zeit saß ich mit meiner damaligen Freundin und heutigen Frau Jeannette rund zehn Kilometer von Sachseln entfernt bei völliger Trockenheit in einem Gartenrestaurant. Einzig Blitze und Donnergrollen bekamen wir mit. Auf einmal sagte uns die Bedienung, dass es wohl besser sei, wenn wir nach Hause gehen würden. In Sachseln sei nämlich die absolute Hölle los. Damit hatte sie wortwörtlich recht. Wir fuhren zwar sogleich los, kamen aber nicht mehr auf direktem Weg nach Hause. Das Auto mussten wir gut einen Kilometer vor dem Dorf abstellen. Zu Fuß kämpften wir uns weiter vor. Etwa einhundert Meter vor unserem Daheim war endgültig Schluss – die Wassermassen waren viel zu gefährlich. Erst Stunden später, es war bereits Nacht, beruhigte sich die Situation und wir kamen komplett durchnässt zu Hause an. Was wir da sahen, war ein Desaster. Das Kellergeschoss stand knietief unter Wasser. Ein Großteil des Fotoarchivs war buchstäblich im Schlamm ersoffen. Ein anderer Teil von Negativen, Dias oder Prints schwamm neben vielen anderen Dingen durchs Dorf in Richtung See.

Großer Verlust

Sofort brachten wir alles, was trocken geblieben war, in Sicherheit. In einem zweiten Schritt trennten wir die leicht feuchten Sachen von den nassen. Am nächsten Morgen rief ich bei Kodak an. Die Firma empfahl uns, die total verschlammten Negative in mit Wasser gefüllte Plastikcontainer einzutauchen und das Ganze tiefzufrieren. Durch die Vereisung könne die chemische Reaktion gestoppt werden. So brachten wir mehrere Container in ein Kühlhaus nach Luzern und ließen sie einfrieren. Voller Hoffnung begannen wir Tage später mit dem Auftauen und Waschen der Negative. Doch schon bald kam die große Ernüchterung. Der hohe Säuregehalt des Schlammes hatte die fotografische Emulsion und somit das eigentliche Bild bereits vor dem Einfrieren zu stark angegriffen. Der immense Aufwand war umsonst. Das Herz blutete, als ich hunderte für immer zerstörte Fotodokumente in den Müll werfen musste.

Frust hält sich in Grenzen

Aber es gab auch Positives: Mein Vater warf nie etwas weg. Dafür aber war er kein ordentlicher Archivar. So legte er viele Negative und Dias in hunderten von Schachteln ab, die wiederum ohne System im Archiv verteilt waren. Was zufällig bodennah lagerte, war durch Wasser und Schlamm zerstört worden und musste weggeworfen werden. Da die Schachteln nach dem Zufallsprinzip gestapelt waren, fielen querbeet Sachen zum Opfer und nicht ganze Jahrgänge, was wiederum unser Glück war.

Übrigens: Bestimmt sind Bilder »den Bach runter«, die ich gerne in diesem Buch veröffentlicht hätte. Aber da ich keine Ahnung habe, was genau fehlt, ist der Frust nicht ganz so groß.

Rund ein Drittel unseres Archivs wurde vom Schlamm vernichtet. Die tagelange Rettungsaktion von Dias und Negativen blieb leider erfolglos.

▼▼ Ein paar wenige Dias verwandelten sich in echte Kunst. Der Schlamm zersetzte die fotografische Emulsion und durch die lang anhaltende Feuchtigkeit in den Diahüllen schrumpfte das Bild zusammen. Alle späteren Versuche, dieses Phänomen gezielt zu wiederholen, misslangen.

SPECIAL

Mit Pyrowerk auf Funkenfang

Zwei Freunde unter sich. Beim Nachtrennen in Bahrain zieht Sebastian Vettel (Red Bull) funkensprühend an Kimi Räikkönen (Ferrari) vorbei.

Im Jahr 1987 entstand in der Formel 1 ein spektakuläres Phänomen. Der Williams FW11 und der Benetton B187 waren die ersten Autos, die glitzernde Funken sprühten. Fotografen und Fernsehstationen waren scharf auf die neuen, spektakulären Bilder. In den ersten Trainingsrunden jeder Rennstrecke stellte sich für die Leute hinter den Kameras nur eine Frage: Wo fliegen die Funken? Doch wie entsteht das Phänomen? Bei unebener Piste, hartem Bremsen oder starkem Downforcing schlägt der Wagen auf der Rennstrecke auf – erst recht mit vollen Tanks und dem entsprechenden Mehrgewicht. An der Aufprallstelle befinden sich Titanklötze, die das Abschleifen des hölzernen Unterbodens verhindern. Die Berührung des Titans mit dem Asphalt führt dann zu den spektakulären Funken. Ist das Tageslicht schwächer, sind diese besser auf den Bildern zu sehen. Gut also für die Fotografen, wenn es am Rennwochenende bewölkt ist.

Heute bieten die Nachtrennen von Singapur, Bahrain und Abu Dhabi optimale Rahmenbedingungen für funkensprühende Autos. Je länger belichtet wird, desto ausgedehnter werden die Striche durch die wegfliegenden Funken. Doch ganz so einfach ist es nicht, wirklich tolle Bilder einzufangen. Die Autos können mit langen Belichtungszeiten nur selten ganz scharf abgebildet werden. Durch den Aufschlag auf dem Asphalt macht der Rennwagen oft zur Längs- noch eine horizontale Bewegung. Das führt dann zu einer geringen Bewegungsunschärfe.

Pyrotechnik

Für einmal lieferte mir ein Gefährt mit drei Rädern die bislang beste Geschichte mit sprühenden Funken. Ohne die langjährige Freundschaft mit dem Schweizer Seitenwagengespann Rolf Biland und Kurt Waltisperg wäre sie aber nicht zustande gekommen. Für das Duo durfte ich mehrmals die Bilder für die Saisonvorschau machen, so auch im Jahr 1988. Um noch mehr Action in die Aufnahmen zu bringen, schlug ich ihnen ein Bild mit funkensprühendem Seitenwagen vor. Mehrere Versuche mit Titanplatten an verschiedenen Orten, selbst an den Schuhen von Kurt Waltisperg, scheiterten kläglich. Dann kam ich auf die Idee mit der Pyrotechnik. So brachte ich zum ersten Test mit dem neuen Gespann zehn Feuerwerksvulkane in meinem Gepäck mit nach Mugello. Rolf hatte inzwischen eine entsprechende Halterung am Seitenwagen angebracht.

Vor Ort nahm ich im Kofferraum meines Porsche 944 Platz und ließ mich um den Kurs chauffieren. Hinter mir folgte der Seitenwagen, den ich im späten Abendlicht fotografierte. Ein erster Test zeigte, dass die Wahnsinns-Aktion gelingen könnte. Einzig die ersten und letzten Sekunden des brennenden Vulkans waren nicht für die Bilder geeignet, da die Rauchentwicklung in dieser Zeitspanne zu groß war. Wir zündeten einen Vulkan nach dem andern und testeten weiter. Insgesamt standen uns zehn Versuche zur Verfügung. Die Schwierigkeit bestand darin, das perfekte Timing der optimalen Kurvenfahrt mit der Phase ohne Rauchentwicklung zu finden. Zudem durfte die Fahrgeschwindigkeit nicht zu hoch sein, da sonst die Funken durch den starken Fahrtwind weggeblasen wurden. Da 1988 noch analog auf Diafilm fotografiert wurde, hatte ich überhaupt keine Kontrolle über die Bilder. Alles war eine Sache des Gefühls. So wartete ich in den folgenden Tagen gespannt die Entwicklung der Filme ab. Und siehe da! Das Ergebnis war genauso, wie ich es mir gewünscht hatte. Es entstand ein für mich perfektes Bild für Poster und Autogrammkarten.

Bilands größter Konkurrent, der Brite Steve Webster, traute seinen Augen nicht, als er die Aufnahme sah. Sogleich meldete er sich bei Biland und meinte: »Rolf, was für eine verrückte Sache hast du da wieder auf deine drei Räder gestellt?« Im heutigen digitalen Zeitalter wäre es ein Leichtes, die Funken durch Bildbearbeitung hinzuzufügen. Damals waren wir als Fotografen aber noch richtig gefordert.

▲ Ein letztes, leider nicht perfektes Dia veranschaulicht die Pyrotechnik am Seitenwagen von Rolf Biland. Zur analogen Zeit wurden bei Auftragsarbeiten die Dias, die Unikate waren, an den Kunden verkauft und waren somit für uns Fotografen verloren.

▶ Auch DTM-Autos begeisterten mit Funken. DTM-Meister Marco Wittmann versprüht sie hier in Brands Hatch.

Mit Pyrowerk auf Funkenfang

Olivier Grouillard (Fondmetal) in Jerez 1991. Schwere Wolken bedeckten Spaniens Himmel frühmorgens während der Vorqualifikation und boten perfekte Voraussetzungen für Funken-Bilder.

Nigel Mansell im Williams zündet im Tunnel von Monte Carlo ein Feuerwerk.

Mit Pyrowerk auf Funkenfang

Weihnachtskarte für Nelson Piquet

Mein erstes gutes Funkenbild machte ich beim GP Belgien in Spa 1987 in der Kompression der Eau Rouge-Kurve von Nelson Piquet im Williams FW11. Später sollte mein absolut bekanntestes Bild überhaupt, wieder vom Brasilianer, jedoch im Benetton B191 (1991), werden. Mein Bestreben, ein Auto in den Funken des nicht sichtbaren Vordermannes zu fotografieren, beschäftigte mich rund eineinhalb Jahre. Immer wieder platzierte ich mich an Stellen, wo die Autos Funken schlugen, und konzentrierte mich dabei auf einen der Verfolger. Achtzehn lange Monate gelang das Wunschbild jedoch nicht. Doch dann waren wir 1991 in Montreal. Zig Filme wurden wieder geopfert in der Hoffnung auf den »Lotto-Sechser«. Ohne die leiseste Ahnung, was ich fotografiert hatte, kehrten wir am Montag nach Europa zurück und schon bald kam der Anruf von Michael Schmidt: »Dani, du hast ein sensationelles Bild geschossen.« Nelson Piquet im Funkenregen von Nigel Mansell. Das Glück war mir zweifach hold, da Nelson das Rennen auch noch gewonnen hatte, nachdem Mansell mit riesengroßem Vorsprung in der letzten Runde das Tempo drastisch verlangsamt hatte, um den Fans zuzuwinken und dabei kurz vor dem Ziel einem Elektronikproblem zum Opfer fiel. Dank dem Sieg des Benetton-Piloten wurde mein Bild in »Auto, Motor und Sport« zum Aufmacher. Lob kam von allen Seiten, auch von Nelson Piquet, der das Bild für seine Weihnachtskarte verwendete. Und noch heute ziert es als gerahmte Vergrößerung sein Büro.

9 Vettel, der Skispringer

Haltung ist alles

Was vereint den vierfachen Olympiasieger im Skispringen, Simon Ammann, mit dem vierfachen F1-Weltmeister Sebastian Vettel? Die Haltung!

Der Beweis: Im Parc-fermé beim GP von Malaysia am 4. April 2010 steigt Sieger Sebastian Vettel wie gewohnt auf sein Auto und jubelt dem Team und den Fotografen zu. Intuitiv drücke ich auf den Auslöser. Erst später beim Sortieren der Bilder am Computer wird mir klar: Das Bild zeigt eigentlich Sebastian Vettel in der Stellung eines Skifliegers kurz vor dem Absprung.

So legte ich das Bild zur Seite, für den Fall, dass der Schweizer Skispringer Simon Ammann wieder einmal einen F1-GP besuchen sollte. Tatsächlich meldete mir Sauber nur knapp einen Monat später, dass der Wintersportler Stargast beim GP Monaco sein werde. Mit einer Vergrößerung des Bildes im Gepäck reiste ich ins Fürstentum. Als Simon kam, fragte ich ihn, ob er für eine spezielle Aktion zur Verfügung stehen würde. Nachdem ich ihm kurz erklärt hatte, um was es ging, willigte er ein. Gemeinsam suchten wir Sebastian in der Energy-Station von Red Bull auf. Wie abgemacht, begrüßte Simon den F1-Piloten und meinte, er würde sich sehr über dessen Einstieg in den Skisprungsport freuen. Seb war komplett perplex und schaute mich fragend an. Da zog Simon das Foto aus der Hülle, nahm einen Stift und zeigte ihm auf, wie er seine Haltung noch verbessern könnte. Jetzt war der Knoten geplatzt und beide begannen zu lachen. Seb meinte daraufhin, dass das ja wohl wieder ein typischer Reinhard sei.

Trotz aller Hektik und Angespanntheit war es mir immer wichtig, auch Zeit für einen kleinen Spaß zu haben.

Simon Ammann verbessert Vettels Haltung.

10 Die Außerirdischen

John Surtees und Mike Hailwood

Ich möchte ein Kapitel zwei Rennfahrern widmen, deren Leistung ich nicht hoch genug einstufen kann. Der eine ist John Surtees. Er darf einen Weltrekord wohl in alle Ewigkeit für sich beanspruchen. Surtees ist der einzige Fahrer der Geschichte, der auf zwei (sieben Titel) und vier Rädern (1964 auf Ferrari 158) Weltmeister wurde. Dazu kommen sechs Siege bei der TT auf der Isle of Man. Später brachte er mit dem Team Surtees gar eigene Rennwagen in der Formel 1 und der Formel-2-Europameisterschaft an den Start.

Der zweite legendäre Rennfahrer ist Mike Hailwood. Er war neunfacher Motorrad-Weltmeister, vierzehnfacher Isle of Man-TT-Sieger, Formel-2-Europameister (auf Surtees!) und stellte sein Können auch mit zwei Podestplätzen in der Formel 1 unter Beweis. Seine einzigen F1-Führungsrunden fuhr der Brite beim GP Italien in Monza 1971 ausgerechnet in einem Auto von John Surtees. Im Ziel traf er lediglich 0,18 Sekunden hinter dem Sieger Peter Gethin ein. Das Spektakuläre dabei: Hailwood landete damit nur auf dem vierten Platz. Selbst dem Fünftplatzierten fehlten nur 0,61 Sekunden zum Sieg. Damit ging das Rennen als dasjenige mit dem knappsten Ausgang in die Geschichte der Formel 1 ein. Von vielen wird es auch als eines der spannendsten Rennen bezeichnet.

◀ Mike Hailwood auf der MV Agusta beim Solitude GP 1964, wo er die 500-ccm-Klasse – vier Jahre nach dem Erfolg von John Surtees (1960) – gewann und in dem Jahr auch Weltmeister wurde.

Hier formiert sich der knappste Zieleinlauf aller Zeiten. Im Bild Chris Amon (Matra) vor Francois Cevert (Tyrrell), Mike Hailwood (Surtees), Ronnie Peterson (March) und dem späteren Sieger Peter Gethin (BRM). Jackie Stewart zu den Windschattenschlachten in Monza: »Fährst du als Erster in die letzte Runde, dann hast du das Rennen verloren.«

▲▲ Mike Hailwood

▲ John Surtees

▶ Monza 1971, Teamchef John Surtees im Gespräch mit seinem Fahrer Mike Hailwood

▶▶ John Surtees mit Freundin 1964 auf Besuch bei uns in Sachseln

Surtees und seine wichtigsten 6 Räder

John Surtees pflegte über all die Jahre eine tolle Freundschaft zu meinem Vater. Er besuchte ihn sogar einmal in der Schweiz. Viele Jahre später fand auch ich einen sehr guten Draht zu ihm. Anläßlich der Ennstal-Classic im Jahr 2002 durfte ich im Mercedes 300 SL Prototyp von 1952 neben ihm Platz nehmen, eine Ehre, die bereits mein Vater in Reims 1964 im Ferrari 250 LM erleben durfte.

2014 fand ein unvergessliches Fotoshooting auf Surtees wunderbarem Anwesen in der Grafschaft Kent statt. Dorthin lud er mich und Motorsportredakteur Michael Schmidt ein. Der Grund war ein ganz spezieller. Ausnahmsweise befand sich in Surtees Garage nicht nur seine 500 ccm MV Agusta, mit der er vier Mal den Motorrad-Weltmeistertitel geholt hatte. Für kurze Zeit war dort auch der Ferrari 158, mit dem er 1964 die Formel-1-Weltmeisterschaft gewonnen hatte. Das Rennauto kam zum Goodwood Revival aus den USA nach England und wurde für ein paar Tage bei Surtees zwischengelagert.

Ich war der letzte Fotograf, der ihn vor seinem Tod im Jahr 2017 noch einmal mit seinen beiden erfolgreichsten Fahrzeugen ablichten durfte. Nach dem Shooting nahm sich der gut gelaunte John die Zeit und brühte uns noch eigenhändig in seiner Küche Kaffee und Tee.

»So fucking einzigartig«

2018 erfüllte ich mir den lang ersehnten, aber leider zu F1-Zeiten nie umsetzbaren Traum, und besuchte die TT auf der Isle of Man. Die TT – wie sie meist nur genannt wird – gilt als ältestes und gefährlichstes Motorradrennen der Welt. Nachdem ich so ziemlich alles an Autorennen auf diesem Erdball gesehen und vor allem fotografiert hatte, fühlte ich mich bei diesem Rennen wie in einem falschen Film. Ich glaube, dass dieses Event einzig mit dem legendären Hahnenkamm-Skirennen auf der Streif in Kitzbühel, den Straßenrennen Targa Florio in Sizilien und der Mille Miglia in Norditalien oder den F1-Rennen durch die grüne Hölle des Nürburgrings vergleichbar ist. Der Speed dieser Motorräder auf ganz normalen Landstraßen ohne jeglichen Sturzraum ist dermaßen abartig, dass man vor all den Fahrern nur den Hut ziehen muss. Der zweifache DTM-Champion Marco Wittmann meinte dazu: »Im Gegensatz zu denen sind wir nur Schulbuben.« Horst Saiger, mehrfacher TT-Teilnehmer aus Österreich, brachte es folgendermaßen auf den Punkt: »Jeder, der einmal hier gefahren ist, für den ist alles andere, auch jedes sonstige Rennen, nur Spielerei.« Und die lebende Motorrad-Legende Valentino Rossi sagte: »Ich fuhr eine Runde auf der Isle of Man und ich erkannte sofort, wieso die Leute das so lieben, weil es so fucking einzigartig ist. Es ist unglaublich, fantastisch, aber leider auch viel zu gefährlich.«

John Surtees sitzt mit stattlichen 80 Jahren auf der MV Agusta und im Hintergrund der Ferrari 158. Mit beiden Fahrzeugen wurde er Weltmeister.

Peter Hickman gewann 2018 die legendäre »Senior TT« auf der Isle of Man.

Die Außerirdischen 89

11 Lautloses Konzert

Die Formel E: don't touch!

Die technische Revolution schafft sich ganz automatisch ihre neue Formel 1, elektrifiziert als Formel E. Völlig lautlos kurven die Autos durch die Innenstädte der Welt und liefern sich spannende Rennen.

Seit der Ära der heiser röchelnden Hybrid-Turbo-Motoren hat die Formel 1 viel an Attraktivität verloren. Fragte man in der Zeit der hochdrehenden und ohrenbetäubenden V10-Zylinder-Motoren einen Besucher, der zum ersten Mal bei einem Grand Prix anwesend war, was ihn am meisten beeindruckt, kam immer dieselbe Antwort: Der Motorenlärm! In jeder Ecke des Fürstentums Monaco konnte man ohne jeglichen Sichtkontakt, alleine mit dem Sound im Ohr, die Rennwagen um die komplette Strecke verfolgen. Und nun finden plötzlich Autorennen statt, von denen man wenige Meter neben der Strecke im sonnigen Gartenrestaurant absolut nichts mehr mitbekommt. Völlig verrückt!

Stromschlag

Im Gegensatz zur Formel 1 bietet die Formel E ganz andere Arbeitsbedingungen. Um als Fotograf tätig zu sein und die dafür notwendige Fotoweste zu erhalten, muss ein Briefing absolviert werden. Dabei wird einem deutlich gemacht, dass die Autos in keiner Weise berührt werden dürfen. Es besteht die Gefahr eines Stromschlages! Gleichzeitig wird man darauf hingewiesen, dass die Rennboliden keinen Lärm erzeugen. Man muss also stets aufpassen, nicht überfahren zu werden. Ganz anders in der Boxengasse der schreienden Formel 1. Dort hört man immer viel mehr, als man tatsächlich sieht und spürt dazu die starken Luftvibrationen in der Bauchgegend so sehr, dass nicht mal ein Tauber Angst haben muss, von einem Auto erfasst zu werden.

Surrende Nähmaschinen

In der Formel E ist die Boxengasse zu einer Gefahrenzone deklariert worden. Verboten sind Kopfhörer mit Musik, die vom Renngeschehen ablenken. In der Formel 1 wäre man gar nie auf die Idee gekommen, mit Sound im Ohr zu fotografieren. Selbst die härteste Rockmusik in voller Lautstärke wäre vom Motorengedröhne übertönt worden. Um keinen Gehörschaden zu erleiden, müssen in der Formel 1 die Ohren unbedingt geschützt werden. Einmal kniete ich ungeschützt hinter einem 2-Liter-Sportwagen, als der Motor ohne Vorwarnung gestartet und mir das Innenleben des rechten Ohrs fast aus dem Kopf blies.

Bei den Action-Aufnahmen an der Strecke lauert ein weiteres Problem. Genau wie bei Skirennen hört man die Fotoobjekte kaum herannahen. Man muss dauernd voll konzentriert hinter der Kamera auf der Hut sein, um die plötzlich auftauchenden und wie Nähmaschinen vorbeisurrenden Rennwagen nicht zu verpassen.

Als BMW 2018 mit dem iFE.18 werksseitig in die FE einstieg, konnte ich das Auto in einem Münchner Studio fotografieren.

Immer wenn das Auto mit dem Unterboden die Curbs berührt, hört man ein Geräusch, das an einen Einschlag erinnert. Ohne den Motorenlärm hört man plötzlich auch das Quietschen der Reifen.

Alexander Sims verbremst sich im Gegenlicht von Marokko.

Lautloses Konzert

Die Formel E hat sich dank fehlender Lärmemission und CO_2-Ausstoß den großen Vorteil geschaffen, auch in Innenstädten fahren zu können. Im Bild die Boxengasse von Paris auf der Esplanade des Invalides.

»Bitte nicht berühren« gilt bei einem Unfall, wie hier von Jaime Alguersuari (Virgin) in Monaco 2015, natürlich auch für die Streckenposten.

Nicht alles ist Gold, was glänzt. Das anfänglich riesige Interesse der Werke an der Formel E ist schon wieder am bröckeln. André Lotterer im DS Techeetah FE in Marokko 2018.

Lautloses Konzert

SPECIAL

Die familiäre Kamerageschichte

Zum Glück habe ich kaum eine unserer Kameras verkauft. Damit entwickelte sich eine weitere spannende Geschichte. Hier die beiden von meinem Vater eingesetzten Kameras in den 1950er-Jahren, die Leica IIIc Kleinbild und die Rolleiflex Mittelformat 6x6.

Julius Weitmann, der wohl bekannteste Motorsportfotograf der 1950er-Jahre, fotografierte hauptsächlich mit einer Graflex Super D. Der große Vorteil dieser unhandlich wirkenden Kamera war die Möglichkeit, sowohl auf großformatige Planfilme als auch auf moderne Filmpacks, Rollfilme und sogar Kleinbild-Negativstreifen zu belichten. Mit der schnellsten Verschlusszeit von einer Tausendstelsekunde war sie für die dynamische Sportfotografie prädestiniert. Weitmann schätzte die robuste Kamera dank ihren kurzen Verschlusszeiten und der hervorragenden Bildschärfe.

Mein Vater begann 1950 mit der Motorsportfotografie. Zu dieser Zeit hatte die Graflex Super D ihren Zenit bereits überschritten. Neue und bessere Kameras waren nun erhältlich. So fotografierte mein Vater zuerst mit der Rolleiflex 6x6 cm Mittelformat und einer Leica IIIc 35 mm Kleinbild-Kamera, die er mit seinem Vater teilte. 1957 wechselte er dann auf die Hasselblad.

Das Mittelformat

Der Schwede Victor Hasselblad präsentierte mit der 1600F am 6. Oktober 1948 in New York seine erste Kamera der Weltöffentlichkeit. Entworfen wurde sie vom Industriedesigner Sixten Sason, der auch für Saab arbeitete. Absolut genial war das modulare System, das nicht nur den Austausch von Objektiven, sondern auch von Suchern und Filmmagazinen erlaubte. Da die Kamera infolge ihrer kürzesten Verschlusszeit von 1/1600 Sekunde mit großen Kinderkrankheiten kämpfte, folgte bald die 1000F. Sie war mit einer 1/1000 Sekunde etwas langsamer und von 1952 bis 1957 auf dem Markt. Dazu passend brachte Dallmeyer das 1:5,6/508 mm Teleobjektiv heraus, natürlich noch ohne Springblende und mit einer etwas eingeschränkten Format-Ausleuchtung. Das hatte zur Folge, dass die Bildecken schwarz blieben. Etwas übertrieben gesagt entstand also ein rundes Bild auf dem Negativ. Trotz dieser Einschränkung war diese Kamera-Objektiv-Kombination wie geschaffen für den Motorsport und mein Vater schoss damit rund 70 Prozent seiner Bilder.

Für professionelle Mittelformatkameras gab es zwei Filmkonfektionen: Der Rollfilm vom Typ 120 mit 12 Aufnahmen im Format 6x6 cm und der Typ 220 mit 24 Aufnahmen. Die spätere 6x7 cm Asahi Pentax-Mittelformatkamera, mit der Optik einer aufgeblasenen Kleinbild-Spiegelreflex, brachte 10 Aufnahmen auf einen 120er und 21 auf einen 220er-Film. Damals gab es noch keine Möglichkeit schneller Bildserien. Um ein perfektes Bild zu erhalten, war viel Erfahrung nötig. Zuerst musste der Fokus bestimmt, dann die korrekte Blende gewählt werden. Dabei war zu berücksichtigen, dass das Sucherbild infolge fehlender Springblende beim Abblenden dunkel wurde. Anschließend musste der Film von Hand weitergespult werden. Vom Start eines Rennens war also nur ein Bild möglich.

Besonders schwierig war es, Fahrzeuge, die aus dem Nichts auftauchten, gezielt zu treffen. Man musste nach Gefühl den Fokus legen, schnell anvisieren, um im alles entscheidenden Moment den Auslöser zu betätigen. Solche »goldenen« Momente sind heute mit Hilfe von Autofokus und Digitaltechnik natürlich wesentlich einfacher einzufangen.

1969 kam die Pentax 6 x 7 auf den Markt. Sie wurde nach der Hasselblad zum Standard in der Actionfotografie mit hohen Qualitätsansprüchen. Das Gehäuse mit den austauschbaren Sucherprismen besaß einen Doppelbajonett-Objektivanschluss, bestehend aus einem inneren Anschluss bis 300 mm und einem äußeren für alle längeren Brennweiten. Der innere Anschluss bot die hilf-

Die Hasselblad mit dem Dallmeyer Teleobjektiv und die Nikon F kamen in den 1960er-Jahren zum Einsatz. Hasselblads großer Vorteil waren die Wechselmagazine, so dass mit geringem Aufwand in schwarz-weiß und in Farbe fotografiert werden konnte. Später folgten die Pentax 6x7 im Mittelformat und die Nikon F2 im Kleinbild.

Die familiäre Kamerageschichte 99

Das Schwarz-Weiß-Negativ stammt von der Hasselblad mit dem Dallmeyer-Teleobjektiv und zeigt deutlich das etwas gerundete Bild, da die Ecken des 6×6 cm-Negativs nicht ausbelichtet wurden.

Hier ein Größenvergleich eines 24×36 mm, eines 6×6 cm und 6×7 cm Dias. Je größer das Dia, desto mehr Bildinformation ist vorhanden, was zu qualitativ besseren Ausschnitten führt, oder wesentlich größere Papiervergrößerungen erlaubt.

reiche Springblende, während beim äußeren nach wie vor die Verdunkelung im Sucher durch das Abblenden stattfand. Die fixe 400-mm-Optik bot eine sensationelle Bildqualität und funktionierte gerade noch ohne Stativ. Mit der extrem schweren 600-mm-Linse konnte man hingegen nur mit dem Dreibeinstativ fotografieren. Trotzdem entstanden damit einige unserer Aufnahmen. Weniger optimal war der große, schwere Spiegel, der bei etwas längerer Belichtungszeit immer mal wieder zu leichten Verwacklungen führte. Erstmals hatte ich die Pentax 6 x 7 am 13. April 1980 beim Formel-2-Rennen in Hockenheim im Einsatz, bei dem der Österreicher Markus Höttinger tödlich verunglückte. Danach verwendeten wir das sehr gute Mittelformat über Jahre bei unseren Motorsporteinsätzen, wie unsere Berufskollegen Ulrich Schwab und Hans Peter Seufert.

Das Kleinbildformat

Der Urtyp der heutigen Kleinbild-Spiegelreflexkamera kam bereits 1959 von Nikon als Modell »F« auf den Markt. Mit ihrem 1:1-Sucherbild, einem modularen System von Sucher und Objektiven, wurde sie bald zum weltweit besten Arbeitsgerät der professionellen Sport-, Reportage-, Mode und Wissenschaftsfotografie. Mein Vater kaufte sie Anfang der 1960er-Jahre als Ersatz für die Leica und war von ihr begeistert. Erst nach 14 Jahren, im Oktober 1973, wurde sie von der F2 abgelöst. Dieses Modell legte ich mir 1976 zu, als ich begann, die Schweizermeisterschaft zu fotografieren. Es war jahrelang mein treuer Wegbegleiter. In den 80er-Jahren stieg ich auf die F3 um. Übrigens: Die Firma Canon war damals bei weitem nicht so innovativ wie heute. Erst im März 1970 brachte sie mit dem Modell F1 eine Kamera auf den Markt, die mit Nikon gleichziehen konnte.

1994 stieg ich von der Nikon FM2 auf Canon um, da Canon ein viel besseres Autofokus-System entwickelt hatte. Der Mechanismus befand sich in der Optik und nicht wie bei der Konkurrenz im Kameragehäuse. Erstmals verwendete ich die EOS1N am 1. Mai in Imola, am Tag, als Ayrton Senna tödlich verunglückte. Bis zum Wechsel auf die erste Digitalkamera verwendete ich diverse weitere EOS-Modelle.

Teleobjektive

Bei den Objektiven konnte die Technik lange Zeit bei den langen Brennweiten nicht mit dem Level der Kameras mithalten – zumindest was die Sportfotografie betraf. Immerhin: Ein erster Meilenstein war das Nikkor-Reflex 500mm/f8 Spiegel-Teleobjektiv, das 1968 auf den Markt kam. Dieses sehr kurze, aber dicke Teleobjektiv war mit der fixen Blende 8 ausgestattet. Die Belichtung musste anhand der Verschlusszeit oder den ISO-Werten (analog der ASA-Filmempfindlichkeiten) angepasst werden. Alle hellen Punkte außerhalb vom Fokus bekamen den für diese Optik charakteristischen »Donut-Effekt«. Die Linse produzierte damit eine ganz spezielle und einzigartige Bildunschärfe. Mit der leichten und relativ kleinen Linse waren bei guten Lichtverhältnissen ganz spezielle Aufnahmen möglich.

1969 erschien das Zoom Nikkor 80–200 mm/4,5 AI. Eine Optik, die in der Action-Fotografie genial war und bis heute eine der wichtigsten Linsen ist. Mittlerweile bietet sie eine Lichtstärke von 1:2,8 und ist mit einem Drehring für die Brennweitenverstellung ausgerüstet. Die ersten Varianten waren noch Schiebezooms. Man veränderte die Brennweite mit dem Hin- und Herschieben des breiten Fokussierrings. Vermutlich durch einen Zufall entstanden dabei die Zoomeffekt-Bilder. Bei diesen wird während der Belichtung die Brennweite verändert. Das Ergebnis ist ein von innen nach außen wischender Speed-Effekt.

Dabei bleibt die Schärfe in der Bildmitte erhalten, während der Wischeffekt in Richtung Bildrand immer stärker zunimmt. Rennwagen eignen sich besonders gut für diese Technik, die aber kaum kontrollierbar ist und viel Ausschuss produziert. Mit den heutigen Drehzooms ist es schwieriger geworden, ohne Stativ einen vernünftigen Zoomeffekt zu erzielen.

Ein Quantensprung war Mitte der 1970er-Jahre die lichtstarke 1:2,8 300 mm-Optik von Nikon und kurze Zeit später von Canon. Ich kaufte sie 1979 und war begeistert. Damit wurden knack-scharfe Distanzaufnahmen auch bei wenig Licht möglich. Etwas, was noch heute State of the Art ist.

Digitalkameras

Canon war seit 1997 gemeinsam mit Kodak im digitalen Markt vertreten. Im Jahre 2000 stellte Canon die erste hauseigene digitale EOS vor. Diese Kamera mit digitalem Kodak-Rückteil war sündhaft teuer. Sie kostete rund 50.000 DM und die Bildqualität war viel schlechter als eine heutige Handyaufnahme. Der große Schub kam nach dem Millenium, als plötzlich Digitalkameras von gigantischer Qualität den Markt eroberten. Im Jahr 2000 stellte Canon die erste hauseigene digitale EOS vor. Ich selber stieg 2002 mit einer Canon D30 in die digitale Fotografie ein. Wer analog weiter arbeitete, war gegen seine Mitkonkurrenten chancenlos. Vergleicht man heute hervorragende Kodachrome-Dias mit Digitalaufnahmen, so liegen Welten dazwischen. Außer der Möglichkeit von nachträglicher Helligkeit und Kontrastbeeinflussung, sowie Farbsteuerung, wurden dank der immensen Empfindlichkeit der Sensoren plötzlich Aufnahmen in hervorragender Qualität unter miserablen Lichtverhältnissen und ganz ohne stimmungszerstörende Blitzgeräte möglich. Der Hauptvorteil lag nicht nur in der besseren Bildqualität, sondern in der ultraschnellen Verarbeitung und dem einfacheren Versand. Nach der D30 verwendete ich diverse weitere Modelle, so die EOS1 D, EOS1 D Mark ll, EOS1 D Mark lll und die EOS1 DX.

Meine heutige Standardausrüstung für ein Rennwochenende umfasst, wie bei den meisten

Kollegen, neben 3 Kameragehäusen (Canon EOS 1D X Mark ll und bald auch die Mark lll), zwei Zoomobjektive: 24–70mm und 70–200mm, sowie die Festbrennweite von 400 und 600 mm. Dazu kommt ein Telekonverter der Stärke 1,4, um die beiden Telebrennweiten nach Möglichkeit noch etwas zu verlängern.

Der Bildschirm von Digitalkameras ersetzt das Polaroid des analogen Profifotografen. Mit ihm kann einfach und schnell alles kontrolliert werden, und man bekommt eine 100%ige Sicherheit über das gewünschte Bild.

Die familiäre Kamerageschichte 101

12 Das Space Shuttle

Schmuckstück Rennwagen

Rennwagen sind ästhetisch. Sie ziehen Menschen mit ihrer Form und Farbe an. Es gibt äußerst attraktive und auch richtig hässliche Autos. Das Besondere aber ist, dass erfolgreiche Rennwagen oft auch als schön bezeichnet werden. Dies, obwohl die Konstrukteure nicht auf die Ästhetik setzen. Tony Southgate von Arrows meinte dazu »Deine einzige Aufgabe heißt, schnell sein. Wenn dein Auto auf der Pole Position steht, werden die Leute dich auch dann beneiden, wenn es noch so hässlich ist.«

Ich bin kein großer Technikfreak. Mehr interessieren mich die Menschen, die den Motorsport erlebbar machen. Trotzdem faszinieren mich ein paar Autos ganz speziell.

Auto Union

Von den Rennautos der Vorkriegs-Ära begeistert mich vor allem der Auto Union Typ C mit dem V-16-Mittelmotor von 1936/37. Bei diesem Modell überzeugt mich nicht nur die Optik. Auch der Sound des gewaltigen 16-Zylinder-Motors ist derart beeindruckend, dass man alles andere vergessen kann. Ich hatte die Gelegenheit, den Nachbau mit Hans Joachim Stuck anlässlich des Großglockner Grand Prix 2017 zu fotografieren. Es war für mich extrem emotional, dieses unglaublich schöne Auto mit seinen 6 Litern Hubraum, den 16

Eine Alfetta auf dem Flugplatz Bern-Belp

◀ Die Gotthard-Kutsche mit zwei reinrassigen Pferden aus Maranello auf der historischen Gotthard-Straße, der Tremola.

Der Sauber C21 (2002) mit ungewohnter Kulisse.

Der BMW Sauber F1.06 in der Ciudad de las Artes y las Ciencias von Valencia, einer Architektur von Santiago Calatrava. Vor der Fahrzeugpräsentation, früh morgens um 6 Uhr, schaffte ich es, die Verantwortlichen zu diesem Bild zu überzeugen, das dann aber in nur knapp 15 Minuten im Kasten sein musste.

Zylindern, dem Roots-Gebläse (Kompressor) und seinen 520 Pferdestärken bei nur 750 Kilogramm in der wahnsinnigen Kulisse des frisch verschneiten Großglockners abzulichten. Zu diesem Auto fallen mir nur Superlative ein.

Tyrrell Project 34

Die zweite für mich geniale Konstruktion stand 1976 am Start der F1-Weltmeisterschaft. Es war der Tyrrell Project 34 mit seinen sechs Rädern. Als ich das Auto zum ersten Mal in der Zeitschrift »Motorsport Aktuell« sah, dachte ich an einen Aprilscherz. Die Geschichte dazu: Ken Tyrrell hatte seinem Fahrer Jody Scheckter für die neue Saison eine Revolution versprochen. Als dieser das Auto mit den sechs Rädern zum ersten Mal sah, war er aber äußerst skeptisch. Heute findet er den Sechsrad-Tyrrell viel besser als zu seiner aktiven Zeit. Er habe das Auto immer unterschätzt und sei sich sicher, dass einzig die hohe Abhängigkeit vom Reifenhersteller Goodyear noch bessere Resultate verhindert habe, so Scheckter. Damit sprach der Südafrikaner die Achillesferse des Autos an. Denn Goodyear musste einzig für den Tyrrell die speziell kleinen Reifen herstellen und vernachlässigte mit der Zeit die Weiterentwicklung. Das verdeutlichen auch die Resultate. 1976 schaffte der P34 einen Doppelsieg beim GP Schweden und etliche gute Resultate. Im folgenden Jahr war er immer weniger konkurrenzfähig und Ende der Saison musste Tyrrell das Konzept des sechsrädrigen Formel-1-Autos begraben.

Der P 34 stammte übrigens aus der Feder von Derek Gardner. Das Auto widerspiegelte den damaligen Zeitgeist. So wurde in den 70er-Jahren noch sehr viel aus reinem Instinkt und innerer Besessenheit eines einzelnen Konstrukteurs geplant und gebaut. Dafür standen diverse kuriose und eigensinnige Autos am Start. Gardner beschrieb die damalige Zeit folgendermaßen: »Natürlich macht der Mangel an Wissen diesen Beruf so aufregend. Würde man den Rennsport wirklich erfassen und verstehen, würde er aufhören, eine Kunst zu sein. Er würde eine Wissenschaft werden und vielleicht auch viel mehr Menschen ansprechen. Aber er würde Gefahr laufen, seinen Zauber zu verlieren.« Worte die sich in den letzten Jahren, in denen die Formel 1 immer mehr zur Wissenschaft geworden ist, durchaus bewahrheitet haben.

Klar gibt es noch weitere Rennwagen, vor denen ich mich verneige: der Lancia-Ferrari D50 (1956), der Ferrari P4 (1967), die Chaparral 2D (1966) und 2F (1967), der Porsche 917 LH (1971), der Ferrari 312T (1975), der Lotus 79 (1978) oder der McLaren-Porsche MP4 2 (1984). Das letzte wirklich schöne Auto war der Jordan 191 (1991). Mit ihm begann Michael Schumachers große Karriere.

Gescheiterte Kalender-Idee

Seit jeher fasziniert es mich, Rennwagen in einer ungewohnten Umgebung abzulichten. Leider ist es sehr schwierig und meist extrem aufwendig, ein Auto für eine Aufnahme von A nach B zu transportieren. Für den damaligen Sauber-Sponsor Credit Suisse brachte ich einmal die Idee für einen speziellen Bild-Kalender mit dem Titel »Made in Switzerland« ein. Ich wollte das aktuelle Auto an zwölf typischen Schweizer Tourismusorten wie Matterhorn, Vierwaldstättersee, Rheinfall oder Eiger Mönch und Jungfrau fotografieren. Die Idee scheiterte leider an der Finanzierung. Trotzdem gab es immer wieder Möglichkeiten, spezielle Bilder zu machen. So beispielsweise in Kuala Lum-

Der McLaren M8-CanAm Rennwagen, aufgenommen im McLaren Technology Center in Woking. Die Architektur stammt aus der Hand von Norman Foster.

pur. Für Sauber und später BMW Sauber stand jährlich ein Fotoshooting mit dem malaiischen Sponsor Petronas vor den gleichnamigen Twin Towers an. Das kleine, flache Auto konnte aber nie sinnvoll mit den mächtigen Türmen in Einklang gebracht werden. Als ich der verantwortlichen Marketing-Person von Petronas mein Problem schilderte, fragte sie mich, was man denn anders machen müsste. Darauf sagte ich ganz spontan, dass man das Auto einmal aufstellen sollte, wodurch der Bolide wie ein startendes Space Shuttle aussehen würde. Als ich im nächsten Jahr zurück nach Kuala Lumpur kam, staunte ich nicht schlecht. Vor mir stand tatsächlich das Formel-1-Auto in senkrechter Position auf einer beweglichen Rampe. Entstanden ist ein einzigartiges Bild und der außerordentliche Aufwand wurde belohnt. Keine andere Aufnahme eines BWM Sauber F1 wurde öfter abgedruckt.

Der Auto Union Typ C auf dem Großglockner

Startbereit! Das Space Shuttle von BMW Sauber F1 in Kuala Lumpur. Aus einer spontanen, verrückten Idee und ein wenig Aufwand entstand dieses doch etwas spezielle Bild.

Das Space Shuttle 107

Jo Sifferts March 701 (1970) steht ausnahmsweise in einem Parkhaus Modell!

Vor den Fenstern von Enzos ehemaligem Büro in Fiorano wurde der Ferrari F2007 fotografiert.

13 Das Bild, das Ron Dennis nicht kaufen konnte

GP USA in Detroit 1988

Als Fotograf bin ich stets bestrebt, eine neue Perspektive zu finden. Manchmal überlegte ich mir bereits Tage vor einem GP-Wochenende, wo und wie ein ganz spezielles Bild entstehen könnte.

Oft entstanden herausragende Aufnahmen aber aufgrund einer spontanen Idee. So 1998 beim Training zum GP der USA in Detroit.

Direkt am Stadtkurs stand ein Haus mit Fans auf dem Dach. Ich fragte mich, ob sich von dort oben eine aufregende Perspektive ergeben würde. Alsdann bequatschte ich die Security am Hauseingang so lange, bis sie mir die Gelegenheit gab, für eine Viertelstunde die Dachterrasse zu nutzen. Oben angekommen, wurde ich enttäuscht. Es bot sich in keiner Weise eine bessere Sicht. Ganz im Gegenteil: Die Bäume hingen weit über die Ideallinie der Rennstrecke, so dass die Autos unter den grünen Blättern durchrauschten. Um der Blamage zu entgehen, harrte ich die 15 Minuten aus und fotografierte enttäuscht mit längerer Verschlusszeit durch die Bäume hindurch. Pünktlich verließ ich das Dach und fotografierte an der Strecke weiter. Tage darauf kam die Überraschung. Ausgerechnet meine Dachaufnahme wurde zum Aufmacher mit dem Titel »Es ist was im Busch« und nicht nur der Bildredakteur und Layouter von »Sport Auto« zeigte sich von dem Bild begeistert.

Unverkäuflich

Bei der alljährlichen großen Hugo-Boss-Party im Rahmen des GP Deutschland in Heidelberg wurde die Aufnahme mit einem Sonderpreis ausgezeichnet. Tags darauf bestellte man mich ins Büro von Ron Dennis. Dieser wollte mir das »Busch-Bild« abkaufen. Doch zu seiner Überraschung stieg ich auf das Angebot nicht ein.

Es war übrigens das einzige Mal in meiner 40-jährigen Karriere als Motorsportfotograf, dass ich ein Bild nicht verkaufte. Der Grund: Ron war, obwohl er sich vom einfachen Mechaniker zum McLaren-Boss hochgearbeitet und eine makellose Karriere hingelegt hatte, an Arroganz nicht zu überbieten. Er bezeichnete uns Fotografen sogar einmal in aller Öffentlichkeit als »lästiges Ungeziefer«. Wie tief hätte ich sinken müssen, um so jemandem ein Bild zu verkaufen?

Ayrton Senna (McLaren-Honda MP4/4) Detroit 1998

14 Pechvogel im Quadrat

Vom Rennwagen zum Handbike

Alessandro »Alex« Zanardi ist eine Rennsport-Ikone mit einer nicht wirklich beneidenswerten, aber äußerst bewegenden Geschichte. Seine Auftritte in der Königsklasse waren nicht vom Erfolg gekrönt. In 41 Rennen holte er in fünf verschiedenen Autos lediglich einen WM-Punkt – 1993 als Sechster beim Großen Preis von Brasilien auf dem Lotus-Ford.

Das Unglück

Weltberühmt wurde Zanardi erst viel später, und zwar aufgrund eines brutalen und dramatischen Unfalls beim Champ-Car-Rennen 2001 auf dem Lausitzring. Der zweifache CART-Champion (1997 und 1998) musste nach dem Crash am 15. September sieben Mal wiederbelebt werden und verlor beide Beine. Aber er kämpfte sich zurück ins Leben und in den Motorsport. Immer wieder überraschte er Interviewpartner und das Publikum mit pointierten Aussagen wie beispielsweise:

»Für mich war es keine schlimme Zeit«, sagte er. »Ich habe ja geschlafen. Und als ich aufgewacht bin, war ich froh am Leben zu sein.« – »Deutsche Ärzte gaben mir so viel Blut, dass ich eigentlich einen deutschen Pass bekommen müsste.« – »Alle fragten, ob ich wieder ins Auto steige. Aber mein erstes Ziel war, selbstständig pinkeln zu können.«

2011 lancierte Alex Zanardi in der Disziplin Handbike seine zweite, noch viel größere Karriere und holte bei den paralympischen Spielen sechs Medaillen, vier davon in Gold. Nie verlor er auch nur einen Hauch an Lebensfreude. Im Gegenteil. »Mein Unfall wurde zur großen Chance meines Lebens«, sagte er mehrmals.

Auf dem Weg zum Triumph

Seine härteste sportliche Prüfung legte der Italiener 2014 ab. Er siegte beim Ironman auf Hawaii, dem härtesten Triathlon der Welt, in der Kategorie der körperlich beeinträchtigen Athleten. Dabei legte er die Strecke mit 3,6 km Schwimmen,

Williams-Pilot und späterer Shooting-Star Alex Zanardi beim GP Japan in Suzuka (1999)

180 Kilometer Handbike und dem abschließenden Marathon im Rollstuhl unter der magischen Zehn-Stunden-Marke zurück. Im darauffolgenden Jahr wiederholte er den Triumph erneut. Sein Motto lautete: »Hinter jedem großen Champion findest du das Wort Leidenschaft und nicht so sehr die Ambition.«

Die Runden zu Ende fahren

Zwei Jahre nach seinem Unfall am Lausitzring fuhr Alex das Rennen doch noch zu Ende. Im speziell für ihn umgebauten Reynard Indy Car zeigte er auch ohne Beine seine große Klasse. Mit den Prothesen und zwei Stöcken humpelte er zum Auto und setzte sich ins Cockpit. Ich durfte ihn dabei mit meiner Kamera auf Schritt und Tritt begleiten. Immer gehemmt über seine Behinderung, drückte ich in den entscheidenden Momenten doch auf den Auslöser. Es war unglaublich beeindruckend, wie er nach nur zwei Jahren sämtliche Situationen meisterte. Ganz alleine auf dem riesigen Trioval drehte er dann die 13 Runden, die ihm 2001 zum Sieg gefehlt hatten. Seine Rundenzeiten waren auf absolutem Topniveau. Damit hätte er sich sogar als Fünftschnellster für das Rennen qualifiziert!

> Ganz alleine auf dem riesigen Trioval drehte er dann die 13 Runden, die ihm 2001 zum Sieg gefehlt hatten. Seine Rundenzeiten waren auf absolutem Topniveau.

2018 war Zanardi Gaststarter beim DTM-Nachtrennen in Misano. Mit einem BMW M4 DTM fuhr er im zweiten Rennen auf den unglaublichen fünften Platz. Im Ziel wurde er gefeiert wie ein Weltmeister und die Pressekonferenz musste irgendwann aus Zeitgründen abgebrochen werden. Fotos waren Alex Zanardi immer wichtig. Zwei, die mit besonderen Emotionen verbunden sind, hängen in seinem Wohnzimmer.

»Das eine stammt von meinem ersten Sieg nach meinem Unfall in der WTCC in Oschersleben 2005. Es zeigt den Moment, wie ich am Zaun des Podiums über einer riesigen Schar Fans sowie der ganzen WTCC-Community lehne und von Jörg Müller und Andy Priaulx mit Champagner abgeduscht werde. Es holt in mir immer wieder all die Emotionen hervor, die mit dieser besonderen Leistung verbunden sind. Das Zweite ist emotional sehr ähnlich und wurde in Brands Hatch 2012 direkt nach dem Zeitfahren mit dem Handbike aufgenommen, wo ich die Goldmedaille (bei den Paralympics) gewann. Auf dieser einzigartigen Momentaufnahme, wo ich direkt nach der Ziellinie mein Handbike wie eine Trophäe in die Luft halte, ist all die Aufregung, die Befriedigung, die Freude und der ganze Stolz den ich in diesem Moment gespürt habe, festgehalten.«

Und nochmals kämpfen

Das Pech blieb Alex Zanardi leider treu. Am 19. Juni 2020 verunfallte er mit seinem Handbike beim Rennen Objettivo Tricolore. Er geriet auf die Gegenfahrbahn, kollidierte mit einem Lastwagen und erlitt schwere Kopfverletzungen. Seither kämpft sich der sympathische Italiener ein weiteres Mal ins Leben zurück.

Was für ein unglaublicher Lebenswille steckt hinter dieser Person. 2003 fuhr er mit Beinprotesen die fehlenden 13 Runden seines verpassten Sieges auf dem Lausitzring (2001) zu Ende.

Zanardis fünfter Platz beim DTM-Nachtrennen in Misano 2018 wurde von uns allen wie ein Sieg gefeiert.

Nach seinem schweren Unfall mit dem Handbike (2020) meldete sich sogar Papst Franziskus zu Wort. Seither kämpft er sich zum zweiten Mal in sein Leben zurück. Keep fighting, Alex!

Pechvogel im Quadrat

15 ... und wenn der Gummi platzt

Das schwarze Gold

1000 km Monza 1969. Die Firestone-Reifen am Ferrari 312P hielten dem Druck des Autos nicht Stand. Die Lauffläche löste sich ab und so drehte sich Peter Schetty schon im Training beim Anbremsen der Parabolica. Die wegfliegenden Reifenteile ruinierten die hintere Aufhängung. Enzo Ferrari erkundigte sich beim Reifenhersteller, bekam die Bestätigung eines Produktionsfehlers: Luftblasen hatten sich zwischen Karkasse und Lauffläche eingenistet.

Pedro Rodriguez startete aus der zweiten Reihe ins Rennen und übergab den Ferrari in Führung liegend an Peter Schetty. Kurz darauf kam es wieder zu einem Reifenschaden. Nach der nötigen Reparatur und dem daraus resultierenden Rückstand setzte sich wieder der Mexikaner ins Cockpit, kam aber nicht mehr weit und fiel nach 66 Runden dem dritten Reifenschaden endgültig zum Opfer.

Den Neuseeländer Chris Amon packte schon vor dem Start die pure Angst und so stellte er das Schwesterauto bereits nach 39 Runden mit bewusst überdrehtem Motor ab.

Der Zweck der Reifen ist simpel. Sie übertragen die Antriebs- und Bremskräfte des Rennwagens auf die Pistenoberfläche. Da es im Motorsport um Tausendstelsekunden geht, nehmen sie eine wichtige Funktion ein. Erwischt ein Rennstall durch die richtige Einstellung das optimale Temperaturfenster der Gummioberfläche, bringt der Pneu die Motorkraft perfekt auf den Boden. Das Resultat: Der Reifen krallt sich wie ein Gecko im Asphalt fest. Beim Anbremsen hält er den Drang nach vorn zurück, führt das Auto wie auf Schienen durch die Kurve und überträgt bei der anschließenden Beschleunigung die gesamte Motorkraft auf den Asphalt. Zieht man all dies in Betracht,

◂ Christian Fittipaldi (Minardi) rattert nach einem Rückwärtssalto beim GP Italien 1993 auf zwei Rädern ins Ziel.

Wenn der Gummi dem Druck nicht standhält ...

Derek Warwick im Brabham platzt auf der Start-Ziel-Geraden von Zeltweg (1986) bei Tempo 300 der linke Hinterreifen.

verwundert es nicht, dass die Reifen bei Teams und Fahrern oft zu endlosen Diskussionen führen. Häufig bekommt man das Gefühl, dass Sieg und Niederlage einzig von ihnen abhängen.

Schon die schmalen Reifen der 1950er-Jahre waren entscheidend. Pirelli war der erfolgreichste, gefolgt von Firestone und Dunlop. In den 1980er-Jahren kamen die sogenannten Qualifikationsreifen zum Einsatz, speziell weiche und nur für eine einzige Runde gebaute Pneus.

Mit dem schwarzen Gold sind auch Triumph und Niederlage verbunden. 1986 verlor Nigel Mansell beim GP von Australien die Weltmeisterschaft an Alain Prost, weil bei ihm kurz vor Rennende der linke Hinterreifen explodierte.

Der Lotto-Sechser

Als Fotograf hat man den Druck, zur richtigen Zeit am richtigen Ort zu sein. 1986 war so ein Moment. Ich befand mich auf der Start-Ziel-Geraden in Zeltweg, nur wenige hundert Meter vor dem Bremspunkt der damaligen Hella-Licht-Schikane. Da platzte unverhofft Derek Warwick am Brabham der linke Hinterreifen. Ungewollt produzierte meine mit Motor bestückte Nikon einen Zweitschuss. Zwar war das Auto bereits aus dem Fokusfeld gefahren, doch trotz der Unschärfe kann man auf dem Bild deutlich erkennen, wie sich der Reifen von der Felge verabschiedet. Warwick verlor daraufhin den Brabham und wurde von der Leitplanke in die Luft katapultiert. Auch diesen Moment hielt ich geistesgegenwärtig fest. Mit einem heutigen Autofokus-System wären

Das Bild von Wilson Fittipaldi, dem Bruder von Emerson, der in der Schwimmbad-Schikane in Monte-Carlo 1975 mit dem Copersucar die Mauer touchiert und sich dabei das rechte Vorderrad wegreißt, zählt fotografisch als reiner Glückstreffer.

Bernhard Baur im Tecno 68 verabschiedet sich beim F3 Vorlauf von Monaco 1969.

vermutlich beide Bilder knack-scharf geworden. Einen solchen Moment zu erwischen ist vergleichbar mit einem Lotto-Sechser mit Zusatzzahl. Rennwagen mit Gummiresten an der Felge sind dankbare Fotosujets. Inzwischen befinden sich an der Rennstrecke viele Großbildschirme, damit die Zuschauer auf den Tribünen das ganze Renngeschehen verfolgen können. Die Screens helfen auch uns Fotografen. So erfahren wir frühzeitig, wenn sich ein Pilot einen Plattfuß eingefangen hat und können uns am Streckenrand auf das Eintreffen des beschädigten Autos vorbereiten. Anders als in einem F1-Auto, das hoch-sensibel auf jede Einwirkung reagiert, fühlt sich ein Reifenschaden in einem Rallye-Auto an. Ich erlebte das in Katalonien bei Testfahrten in einem Ford Focus als Beifahrer von Armin Schwarz. Plötzlich sagte dieser »Oh Sch….« zu mir. Ich war überrascht und fragte zurück, was denn los sei? Darauf meinte Schwarz: »Wir haben hinten rechts einen Reifenschaden«. Im Gegensatz zum Piloten habe ich auf der holprigen Schotterstraße weder den Schaden mitbekommen, noch hatte ich das Gefühl, langsamer unterwegs zu sein. Erst am Service-Punkt kam der Beweis, als ich den zerschundenen Kotflügel und die gummilose Felge sah.

Die größte Enttäuschung

Doch wie entsteht eigentlich ein Rennreifen? Genau das wollten wir 2003 für »Auto, Motor und Sport« festhalten und fragten bei Michelin in Clermont-Ferrand nach, ob wir die Herstellung eines Rennpneus fotografieren dürften. Als Antwort kam ein klares »Ja«, jedoch mit der Bedingung, dass die Aufnahmen digital sein müssten, damit sie das Werk noch prüfen könne. Gesagt, getan! Wir reisten ins Zentralmassiv und ich fotografierte mit viel Aufwand an Ausleuchtung den ganzen Tag in der dunklen Werkshalle. Nach getaner Arbeit übergab ich der Medienverantwortlichen die Speicherkarten. Kurze Zeit später, am Ende der Kaffeepause, erhielt ich sie zurück. Was folgte, war die größte Enttäuschung meiner fotografischen Karriere. Bis auf ein paar belanglose Bilder hatte Michelin sämtliche Daten von der Karte gezogen und diese vernichtet oder ins eigene Archiv übernommen. Dabei hatte ich mich klar an sämtliche Abmachungen gehalten und nichts fotografiert, was nicht vor Ort freigegeben worden war. Völlig frustriert reisten wir nach Hause.

> Was folgte, war die größte Enttäuschung meiner fotografischen Karriere. Völlig frustriert fuhr ich nach Hause.

Als eine der Sicherheitsmaßnahmen nach dem tödlichen Unfall von Ayrton Senna kamen Seile in die Aufhängungen um ein Wegfliegen der Räder möglichst zu verhindern.

Johnny Herbert überholt auf dem Nürburgring (1999) den angeschlagenen, aber führenden Williams von Ralf Schumacher und gewinnt für das Team von Jackie Stewart den ersten und einzigen GP.

Alex Caffi im Dallara muss 1988 mit einem Reifenschaden auf dem 6,8 km langen Hockenheimring zurück an die Box humpeln. Das Bild zeigt ihn in der Ostkurve.

... und wenn der Gummi platzt

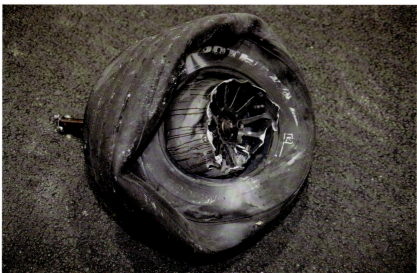

▲▲+▲▲▶ Kamui Kobayashi durchpflügt nach einem Startcrash zum GP Australien (2014) das Kiesbett der ersten Kurve.

▲ Relikt einer Straftat. Flavio Briatore befahl in Singapur (2008) Nelsinho Piquet, den Renault mit Absicht in die Mauer zu setzen, um mit Hilfe der Safety-Car-Phase dem Teamkollegen Fernando Alonso zum Sieg im 800. GP zu verhelfen.

▲▶ Die hässlichen, mit Längsrillen versehenen Slicks (1998-2008) sollten die steigenden Kurvengeschwindigkeiten einbremsen.

▶ Habe ich damit die WM verloren? Ein nachdenklicher Jody Scheckter (Wolf WR1) nach seinem Ausfall beim GP Frankreich in Dijon 1977.

... und wenn der Gummi platzt 129

▲ Abgeschlagene Räder wurden oft zu gefährlichen Geschossen und mussten von weit her zurückgeholt werden.

▲▶ Als der Rennsport noch eine tolle Plattform für »Playboy« und »Penthouse« bot.

▶ Monzanapolis (1957/58), das Rennen der zwei Welten, wo sich die Formel 1 mit den amerikanischen Champ Cars massen. Pat O`Connor fuhr auf dem Oval von Monza beim Test für Firestone 226 Meilen mit einem Schnitt von mehr als 273 km/h (in Indianapolis lag sein Schnitt für die Pole Position bei 231,7 km/h).

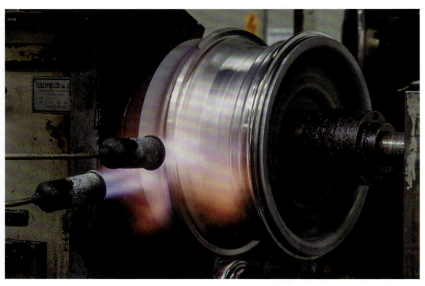

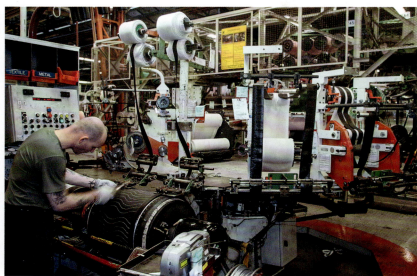

▲▲+▲▲▶ Einblick in die F1-Felgenfertigung für Ferrari bei BBS (oben)

▲+▲▶ Zwei, der ganz wenig übriggebliebenen Bilder der Reifenherstellung von Michelin in Clermont-Ferrand

Das optimale Temperaturfenster von Rennreifen liegt bei 80–100 Grad Celsius. Mit Wedelbewegungen werden die Reifen auf der Einführungsrunde oder hinter dem Safety-Car auf Temperatur gehalten.
Bei tiefen Lufttemperaturen kann man die Hitze vom soeben abgenommenen Reifen deutlich sehen.

Ein Schnappschuss aus der zweiten Schikane, der Variante della Roggia in Monza (1996), wo Michael Schumacher (Ferrari) und Jacques Villeneuve (Williams) von umherirrenden Reifen überrascht wurden.

... und wenn der Gummi platzt

SPECIAL Autogrammkarten

Walter Brun mit vollem Einsatz für den Fotografen. Auf öffentlicher Strasse ohne jegliche Absicherung konnte damals noch gefahren und fotografiert werden. Heute würden mit Sicherheit beide Beteiligte im Gefängnis landen.

Die älteste Autogrammkarte stammt vom bayerischen König Ludwig II. Dieser begann nach seiner Thronbesteigung 1864 Fotos von sich zu unterschreiben und verschenkte die Bilder weiter. Mit der Zeit wurden Autogrammkarten immer beliebter und die Sammler organisierten sich in Tauschbörsen. Bereits 1968 entstand in Deutschland eine Arbeitsgemeinschaft der Autogrammsammler.

In der Anfangszeit des Motorsports bestellten und verwalteten die Piloten ihre Karten selber. Erst in den späten 1960er-Jahren, vor allem mit dem vermehrten Einstieg der Sponsoren, entstanden die Sujets nach Wunsch der Geldgeber. Um ihre Logos bestmöglich in Szene zu setzen, begannen diese damit, eigene Fotoshootings in Auftrag zu geben. Da mein Vater nicht nur Fotograf war, sondern auch einen eigenen Postkartenverlag führte, gewann er Firmen wie Firestone und Valvoline als Kunden. Sie liessen bei ihm zigtausend Autogrammkarten drucken, so beispielsweise von Graham Hill und Jim Clark. Parallel dazu bestellten nach wie vor viele Rennfahrer die Karten direkt bei Josef. Dazu gehörten Jo Siffert oder Walter Brun.

Beim GP Holland in Zandvoort 1968 fand ein Shooting für den Reifenhersteller Firestone statt. Dieser hatte klare Vorstellungen, wie die Piloten mit den Autos platziert werden mussten. Das Englisch meines Vaters war leider nicht optimal und da sich auch Fahrer auf der Liste befanden, die mein Vater nicht persönlich kannte, bat er Jo Siffert um Hilfe. Dieser sprang sogleich als Assistent ein und beorderte die Rennfahrerkameraden an die gewünschte Stelle. So wurde Pilot um Pilot abgelichtet. Heute ist so etwas undenkbar.

Einzigartiges Shooting

Eine aus heutiger Sicht unglaubliche Geschichte ereignete sich 1963. Der Innerschweizer Walter Brun startete damals mit einem Lotus Cortina in seine erste Rennsaison. Als junger und ambitionierter Rennfahrer brauchte er natürlich Autogrammkarten. Und diese mussten bereits aufs erste Rennen hin verfügbar sein. Kurzerhand wurde ein Fotoshooting organisiert. Nicht etwa auf einer Rennstrecke. Nein, nein!

Walter Brun und mein Vater Josef suchten sich dafür eine Kurve auf der öffentlichen Bergstrasse von Giswil nach Sörenberg aus und funktionierten diese kurzerhand zu ihrer Rennstrecke um. Damit die Bilder professionell aussahen, fuhr Walter fünf-, sechsmal an einem sehr kalten, aber trockenen Frühlingstag mit dem Lotus Cortina rennmässig und mit hohem Tempo durch die

Kurve. So entstand seine erste Autogrammkarte. Pünktlich zum ersten Rennen.

Voll durchorganisiert

Als ich 1976 zu fotografieren begann, gab es nur noch wenige Rennfahrer, die direkt bei uns Autogrammkarten bestellten. Eine Ausnahme war Gregor Foitek. International kamen die Aufträge nun über die Teams, die Werke, das Management oder die Sponsoren.

In der F1 nahm die Professionalisierung in den 1990er-Jahren stark zu. Es entstanden sogenannte Film- und Fototage. Diese fanden meist nach der Fahrzeugpräsentation beim anschließenden ersten Funktionstest statt.

Von 2006 bis 2009 fotografierte ich für BMW Sauber und war für BMW Motorsport in München im Einsatz. Kurz vor Saisonstart gab es jeweils zwei spezielle Fototage, an denen neben mir meist noch zwei weitere Fotografen im Einsatz standen. Jeder bekam einen klaren Auftrag und musste bestimmte Motive für die Marketing-, Sponsoring- und Presseabteilung ablichten. Aufgenommen wurden neben den Autos auch die Fahrer, Mechaniker, Ingenieure sowie der Teamchef. Alle waren natürlich sauber und perfekt gekleidet und standen im vordefinierten Zeitfenster bereit für die Aufnahmen. Während der zwei Tage und der dazwischenliegenden Nacht wurden alle Sujets durchfotografiert. Daraus entstanden Autogrammkarten, Pressebilder, Poster und Bilder für Werbekampagnen.

Die Entstehung einer 1967 analog hergestellten Autogrammkarte von Jo Siffert.
Auf einem Pauspapier über der Schwarz-Weiß-Vergrößerung wurden Autogramm sowie Werbelogos platziert und Bildkorrekturen angebracht

Das war unsere auflagenstärkste Autogrammkarte aller Zeiten. Zehntausende davon wurden verteilt. Aufgenommen wurde das Portrait am Vorstart zum Bergrennen St. Ursanne-Les Rangiers 1968.

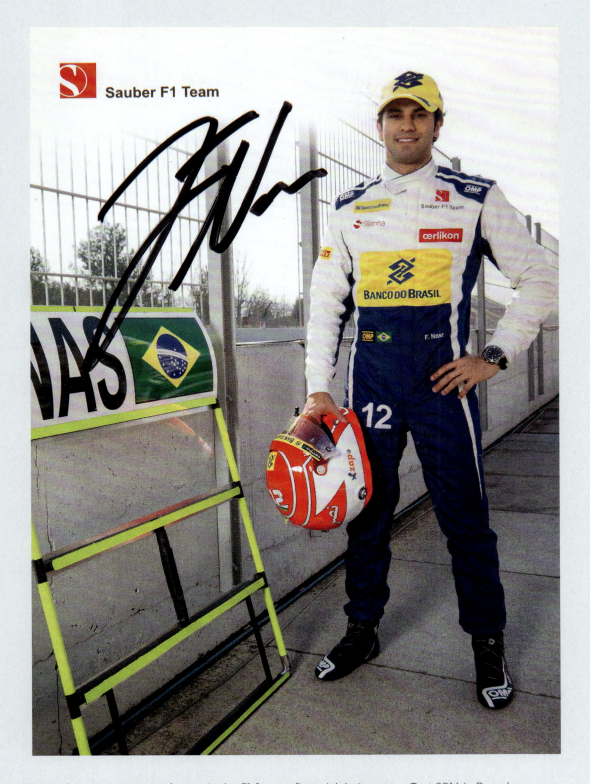

Meine letzten Autogrammkarten in der F1 fotografierte ich beim ersten Test 2016 in Barcelona von Felipe Nasr und Marcus Ericsson.

16 Die wilden Welpen

Wenig Geld, noch weniger Erfahrung

Da sich die jungen Fahrer profilieren müssen, fahren sie oft über ihre Verhältnisse. Nicht selten ist das Ergebnis ein Haufen Schrott. Es braucht richtig viel Talent, um ohne große Fahrzeugerfahrung und Streckenkenntnis auf Anhieb vorne mitmischen zu können. Meist fehlt es an Zeit und Geld. Um in der Karriereleiter weiter aufsteigen zu können, wird spätestens im zweiten Jahr der Meistertitel gefordert. Leider ist der Werdegang junger Piloten immer häufiger von einer dicken Brieftasche abhängig.

Sifferts Premiere

1962 trat Jo Siffert mit seinem privaten Lotus 21 zur Qualifikation für den GP von Monaco an und rechnete fest mit dem Startgeld. Die Nichtqualifikation war für ihn in doppelter Hinsicht ein Schlag ins Gesicht. Ohne auch nur einen einzigen Franken in der Tasche, klagte er meinem Vater sein Leid. Dieser hatte ein Einsehen und finanzierte ihm die Rückfahrt. Das Geld war gut investiert. Seppi vergaß die Hilfeleistung nie und es entstand eine Freundschaft, die bis zu Sifferts Tod anhielt.

Von Clay Regazzonis Unfall mit dem Tecno im Formel-3-Rennen von Monaco 1968 entstanden legendäre Bilder. Der Schweizer verlor das Auto in der Hafenschikane und schoss unter der Leitplanke durch. Weil das Auto am Überrollbügel hängen blieb, flog es nicht ins Meer. Doch vor dem Bügel befindet sich der Kopf des Fahrers. Wie durch ein Wunder entstieg der Tessiner auf der Außenseite der Leitschiene völlig unverletzt dem Auto. Die Reinhard-Bilder von diesem spektakulären Unfall wurden in den Schweizer Medien immer wieder gezeigt. Die gleichen Schutzengel ließen Romain Grosjean in Bahrain 2020 überleben.

Brise: Das große Talent

Tony Brise galt bereits als großes Talent, als er 1975 im Formel-3-Rennen von Monaco mit Alex Ribeiro in der Mirabeau kollidierte. Noch

◀ Clay Regazzoni schaffte es 1968 tatsächlich mit dem Tecno F3 völlig unverletzt unter der Leitschiene durchzufahren. Der Ueberrollbügel verhinderte eine Wässerung. 2020 in Bahrain gelang Romain Grosjean ein ähnliches Kunststück.

Für meinen Vater galt die Mirabeau als eine seiner Lieblingskurven. Als ich 1980 zum ersten Mal allein zum GP nach Monaco reiste, meinte er nur: Geh zum Start in die Mirabeau, da ist immer was los.

im selben Jahr stand er für Graham Hill im Embassy-Hill-Lola in der Formel 1 am Start. Am 25. November desselben Jahres flog Hill mit seiner Privatmaschine, einer zweimotorigen Piper Aztec, die er mit der Siegprämie von Indianapolis gekauft hatte, von Testfahrten in Le Castellet zurück nach London. Mit im Flieger waren auch Tony Brise, Teammanager Ray Brumble, Designer Andy Smallman und die Mechaniker Tony Alcock und Terry Richards. Bei dichtem Nebel nördlich von London streifte Hill kurz vor der Landung auf dem Flugplatz Elstree die Baumkronen und stürzte bei Arkley in der Nähe seines Hauses auf einen Golfplatz. Keiner der Passagiere überlebte den Absturz.

Die kleineren Formeln sind für Fotografen äußerst hilfreich, um die jungen Fahrer persönlich kennenzulernen. Je höher diese aufsteigen, umso schwieriger wird es, an sie heranzukommen. So lernte ich beispielsweise Markus Höttinger bereits im R5 Cup kennen, Marc Surer in der Formel 2, Michael Schumacher, Bernd Schneider und Nick Heidfeld in der Formel 3, Sebastian Vettel und Nico Rosberg in der Formel BMW. Es macht große Freude, diese Karrieren zu verfolgen.

◀ + ▼ Tony Brise blieb 1975 auf Alex Ribeiro liegen. Ein Jahr davor (1974) kam es an gleicher Stelle zu einer Massenkarambolage. Dabei kam der Brabham von Alessandro Pesenti-Rossi mit seinem linken Hinterrad im Cockpit des GRD von Tony Ruoff zu liegen. Eine ähnliche Szene wiederholte sich in Monza 2021 mit Max Verstappen und Lewis Hamilton. Als einzigen Unterschied gibt es heute als Schutz für die Piloten den HALO.

Die wilden Welpen 143

Pastor Maldonados Flugeinlage beim GP2-Rennen in Monza 2010 blieb dank den enorm hohen Sicherheitsanforderungen der letzten Jahre ohne Folgen.

Roberto Fillannino (Nummer 18) bietet einem Konkurrenten die Startrampe für einen Flug ins Ungewisse. Dieses grandiose Bild entstand in der Einfahrt zur Parabolica (Monza 1970) beim Formel Italia Rennen, das, wie später die Formel BMW, mit identischen Fiat-Abarth-Rennwagen gefahren wurde.

Teamkollegen unter sich. Beim Start zum Formel-3000-Rennen in Magny-Cours 2007 wurde Andreas Zuber von Timo Glock schon in der ersten Kurve auf die Räder genommen.

Die wilden Welpen

Graham Hill knallt in Monaco 1971 mit dem Brabham BT 34 in die Mauer der Tabakkurve.

17 Vom Markenzeichen zum filigranen Kunstwerk

Helme im Wandel der Zeit

Vor dem zweiten Weltkrieg und bis in die 1950er-Jahre trugen die Piloten bei ihren Renneinsätzen kurzärmelige Polohemden, normale Alltagsschuhe und einfache Handschuhe. Als Kopfschutz diente ihnen vor dem Krieg eine weiße Staubkappe. Später wurde diese durch eine simple Lederkappe ersetzt. Die Augen schützte eine Fliegerbrille vor Fahrtwind und Schmutz.

Ohne Gesicht

Ende der 1950er-Jahre trugen immer mehr Piloten offene Helme, dazu die Fliegerbrille mit Zugband, sowie ein Hals- und Mundschutztuch gegen den Fahrtwind. Gehalten wurde der Kopfschutz von einem simplen Lederriemen. Um sich vor der Sonne zu schützen, deckten viele Fahrer die Brille partiell mit Klebeband ab.

Dan Gurney startete 1968 als erster mit einem Vollvisierhelm. Das Modell Mitte der 1970er-Jahre hatte ein Klettband als Riemen, einen feuerfesten Nackenprotektor und einen Schlauch, der dem Piloten im Cockpit im Falle eines Feuers Sauerstoff zuführen konnte. Mit dem Integralhelm waren nun aber auf einmal die Gesichter der Fahrer verschwunden. Nur noch über das Helmdesign ist seither zu erkennen, wer im Auto sitzt. Fotografisch musste nun plötzlich mit einem Blitzgerät der Kontrast zwischen den sich in der Dunkelheit befindenden Augen und dem Helm ausgeglichen werden.

Erkennungsmerkmal

Mit der Zeit wurde der Helm zum Erkennungsmerkmal und Markenzeichen des Fahrers. Auf historischen Fotos, in der Zeitspanne von 1960 bis

Die weißen Balken auf Hills dunkelblauen Helm symbolisieren Ruderblätter

Der Weg war weit vom einfachen Staubschutz via Kappe über die coole Lederhaube mit Fliegerbrille und die offenen Helme zu den Sicherheitskunstwerken der Vollvisierhelme, wie wir sie heute kennen.

in die späten 1990er-Jahre, kann man sofort feststellen, wer im Auto sitzt. Sir Stirling Moss sagte einmal: »Ich hatte in meiner ganzen Karriere vier Helme, einer ist in Deutschland, einen besitze ich noch, die beiden restlichen waren so kaputt, dass ich sie weggeschmissen habe.«

Eine richtige Markenstrategie pflegte die Familie Hill. Graham fuhr sein Leben lang mit dunkelblauem Kopfschutz, geziert mit den typischen weißen Balken, die Ruderblätter symbolisieren. Als sein Sohn Damon in den Rennsport einstieg, übernahm er das Design seines Vaters. Man muss bedenken, dass damals die meisten Fahrer nicht nur in der Formel 1, sondern in diversen Kategorien an den Start gingen. Graham Hill siegte querbeet. Bis heute ist er der einzige, der die »Triple-Crown« gewinnen konnte. Damit ist der Triumph beim GP von Monaco, den 24 Stunden von Le Mans und dem Indy 500 gemeint. Aufgrund des Helms ist Hill auf all den Bildern dieser Siegesfahrten sogleich erkennbar, ob im Lotus beim Indy 500 (1966), im Matra-Simca bei den 24 Stunden von Le Mans (1972) oder in Monaco (1963, 1964, 1965 im BRM sowie 1968 und 1969 im Lotus). Dem Markenzeichen Helm blieben unter anderen auch ein Jackie Stewart im Tyrrell oder Chaparall, ein Jo Siffert im BRM oder Porsche oder ein John Surtees auf der 500 ccm MV Agusta oder im Honda RA300 V12 treu.

Filigrane Kunstwerke

Ende der 1990er-Jahre begann Michael Schumacher ab und zu sein Helmdesign zu ändern. Sebastian Vettel ging noch weiter. Ich konnte von ihm ein Bild machen, das ihn mit zwölf verschiedenen Helmen zeigt, die er in einer einzigen Saison trug. Damit wird es aufgrund eines Bildes immer schwieriger, den Fahrer auf die Schnelle zu identifizieren. Ist das nun Vettel oder doch sein Teamkollege?

Die technische Weiterentwicklung bei den Lackierungen lässt immer verrücktere Helmdesigns zu. Der Kreativität sind keine Grenzen gesetzt und es entstehen oft innerhalb weniger Stunden neue, filigrane Kunstwerke. Für den jungen Fan wird es dadurch immer schwieriger, im Helmdesign seines großen Idols an einem Seifenkisten- oder Go-Kart-Rennen an den Start zu gehen.

Damon Hill mit seinem Weltmeister-Helm (Mitte), flankiert von denen seines Vaters links aus den 1960er- und rechts aus den 1970er-Jahren.

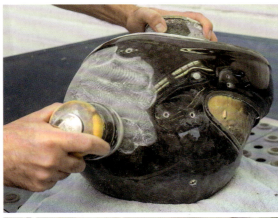

◄▲ Nick Heidfeld zeigt Helme aus seiner Karriere. Blau-Gelb überwiegt, aber auch Grün und Schwarz zieren die Sammlung.

◄ Sebastian Vettel mit den 12 Helmen aus der Saison 2012. Wie soll man ihn da auf einem Foto im Auto schnell erkennen können?

Ein kleines, filigranes Kunstwerk mit blinkenden Lichtpunkten entstand speziell für den Nacht-Grand-Prix von Singapur. Die Firma »JMD« Jens Munser Design in Salzgitter beschäftigt sieben Angestellte, Vettels Helm ist und bleibt aber Chefsache, schließlich ist Sebastian Kunde der ersten Stunde. Seit seiner Kartzeit fährt er einen Kopfschutz von JMD. Auch beide Schumis, sowie Webber, Barrichello, Rosberg, Massa, Ricciardo und Verstappen zählen, oder zählten, unter vielen anderen zur Kundschaft.

Vom Markenzeichen zum filigranen Kunstwerk 153

Moderne Helme (im Bild Nick Heidfeld 2009) haben eine Carbon-Schale, sind leicht (ca. 1150g) und belüftet. Früher wurde die Luft einfach auf die Gesichter geblasen, nun wird sie am Oberkopf entlang nach hinten geführt, wo sie dann über Entlüftungslöcher wieder entweicht.

18 Höchstleistung bis zur letzten Sekunde

Erschöpfung pur

Häufig wird kritisiert, Motorsport sei kein Spitzensport. »So ein bisschen im Kreis herumfahren könne doch jeder …«, höre ich immer wieder. Das Gegenteil ist der Fall. Ohne topfit zu sein, übersteht kein Fahrer einen GP. Einerseits sind die Fliehkräfte im Auto extrem hoch. Konkret wird bei der drastischen Geschwindigkeitsreduktion eingangs einer Kurve der Körper des Piloten mit bis zu 6 g belastet, also mit dem sechsfachen Gewicht. Dabei wird vor allem der Nacken extrem beansprucht. Andererseits müssen die Fahrer bei einem Rennen während rund 100 Minuten vollkonzentriert bleiben. Bei nasser Fahrbahn oder großer Hitze ist dies nicht einfach. So verliert ein Rennfahrer während eines Hitzerennens bis zu vier Liter Körperflüssigkeit. Das starke Schwitzen wird durch die hohen Temperaturen im Auto und den feuerfesten Overall verursacht. Insgesamt verbrennt ein Formel-1-Fahrer während eines Rennens rund 3000 Kilokalorien. Wir reden hier also über echte Schwerstarbeit.

Im Ziel kollabiert

Wie sehr ein Formel-1-Rennen den Fahrer an die physische Grenze bringt, erlebte Ayrton Senna 1992 beim GP San Marino in Imola. Völlig erschöpft stoppte der Brasilianer sein Auto direkt hinter der Ziellinie und kollabierte. Ich war auf dem Weg zur Siegerehrung und sah, wie Sennas McLaren am Zaun hielt. Sofort rannte ich los und fotografierte mit dem Weitwinkel durch den Maschendrahtzaun. Mit geschlossenen Augen befand sich der Brasilianer im Cockpit und wurde vom Dottore verarztet. Den nervigen Polizisten neben mir, der mich die ganze Zeit von der Stelle wegzujagen versuchte, ignorierte ich und konzentrierte mich auf meinen Job. Dann begann dieser an mir herumzuzerren. Da ich inzwischen meine Bilder im Kasten hatte, war ich bereit, das Feld zu räumen. Ich drehte mich um und die lange Brennweite, die sich auf meiner Schulter befand, verpasste dem Ordnungshüter einen unabsichtlich-absichtlichen Schlag an den Kopf. Mit einem freundlichen »Oh, scusi« entschuldigte ich mich und rannte zur Siegerehrung …

Filmriss

Auch ich kam mit meinen Kräften während eines Formel-1-Rennens an meine Grenzen. Beim Grand Prix Deutschland 2016 in Hockenheim spürte ich bereits während der Startaufstellung einen nie erlebten Durst. Während des Rennens bat ich bei mehreren Kollegen um Getränke. Trotzdem wurde mein Wohlbefinden immer schlechter und ich musste mich schließlich übergeben. Ausgangs der Sachs-Kurve suchte ich den Streckenarzt auf. Doch der wies mich arrogant ab. Auf dem Weg zum Medical-Center brach ich zusammen. Filmriss! Zwei Kollegen brachten mich dann dorthin. Erst nach der Siegerehrung kam ich wieder zu mir und schleppte mich ins Media-Center. Unter äußerst erschwerten Bedingungen verschickte ich von dort die wenigen Bilder an meine Kunden.

Kalte Dusche für erhitzte Köpfe: Keke Rosberg und Nigel Mansell. Nelson Piquet (GP Brasilien 1982) bricht bei der Siegerehrung völlig dehydriert zusammen. Keke Rosberg hilft, mit Nelsons damaliger Freundin Sylvia, dem bewusstlosen Sieger wieder auf die Beine. Beide, Piquet und Rosberg, wissen noch nicht, dass sie schon bald wegen untergewichtigen Autos disqualifiziert sind und der im Bild wartende Alain Prost am grünen Tisch zum Sieger des Rennens erkoren wird. Piquet später: »Ich habe diese Disqualifikation nie akzeptiert, für mich ist das mein 24. Rennsieg und den Pokal habe ich auch bis heute nicht zurückgegeben.«

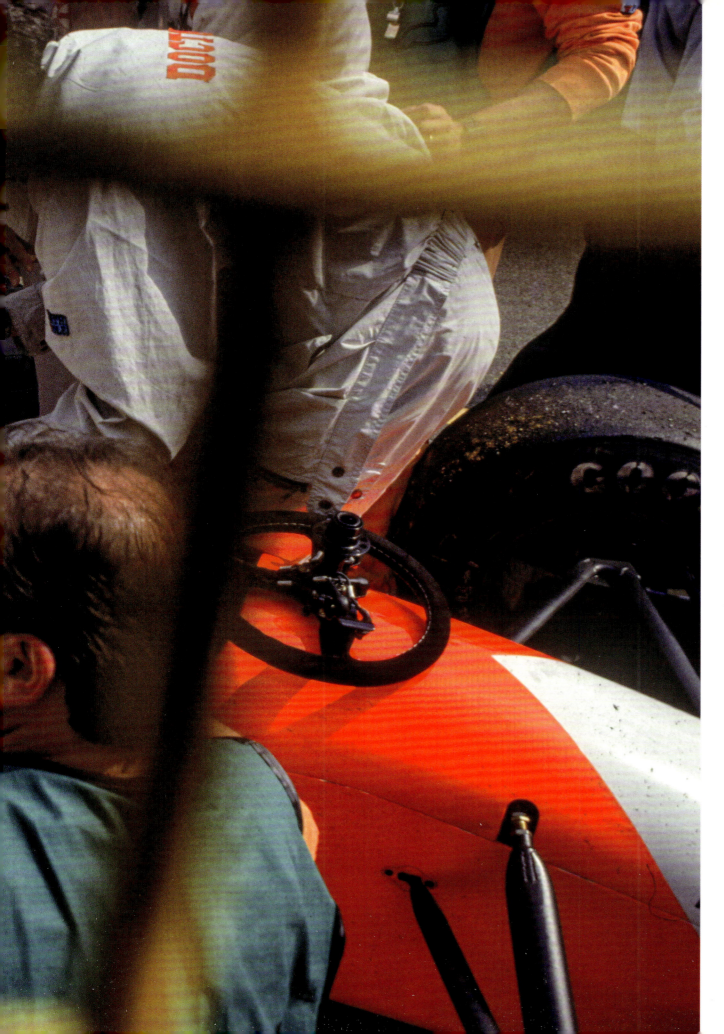

Ayrton Senna stoppte 1992 in Imola mit schweren Kreislaufproblemen unmittelbar nach der Ziellinie und brauchte ärztliche Betreuung.

19 Helfen und sterben für den Rennsport

Das gefährliche Leben der Streckenposten

Ohne Streckenposten gäbe es keinen Motorsport. Sie kontrollieren das Renngeschehen, warnen die Fahrer mit geschwenkter Flagge, geben der Rennleitung wichtige Informationen und helfen bei Unfällen. Kurzum: Sie sind die stillen Helfer in der zweiten Reihe. Und dort sind sie oft großen Gefahren ausgesetzt.

Nicht nur für die Fahrer, auch für uns Fotografen ist der Streckenposten eine äußerst wichtige Person. Er ist derjenige, der vor Ort entscheidet. Mit seinem Wohlwollen sind fotografische Standpunkte an der Grenze des Erlaubten möglich, oder eben nicht. Ein kameradschaftliches Verhalten hilft da dem Job.

Todbringender Feuerlöscher

Am falschen Ort stand ein Streckenposten 1962 beim GP Monaco. Unmittelbar nach dem Start kam es beim Anbremsen der Kurve Gasometer Hairpin zu einem schweren Unfall. Richie Ginther, Ines Irland, Maurice Trintignant, Trevor Taylor und Dan Gurney kollidierten miteinander. Dabei löste sich von Ginthers BRM ein Rad und traf einen Streckenposten tödlich.

1977 ereignete sich beim GP Südafrika in Kyalami ein nicht auszudenkender Unfall mit einem Streckenposten. In der 22. Runde musste Renzo Zorzi seinen Shadow aufgrund eines Defekts am linken Rand der Start-Ziel-Geraden abstellen und begab sich in Sicherheit. Weil sein Auto Feuer fing, überquerten zwei Streckenposten die Piste. Gleichzeitig rasten Hans-Joachim Stuck und Tom Pryce der Pannenstelle entgegen, die sie wegen einer Kuppe lange nicht einsehen konnten.

Während Stuck ein Ausweichmanöver gelang, erfasste Pryce mit rund 250 Stundenkilometern

◀ Eine harmlose Startkollision zwischen fünf Autos in Monaco 1962 forderte im Hintergrund das Leben eines Streckenpostens, der von einem abgeschlagenen Rad tödlich getroffen wurde..

Ein Maserati passiert den mit Sandsäcken geschützten Helfer-, Sanitäts- und Kontrollposten beim GP der Schweiz in Bern-Bremgarten 1952.

Ein Streckenhelfer verliert erst sein Funkgerät, dann sein Leben.

einen der beiden Streckenposten. Der Mann wurde durch die Luft gewirbelt und starb sofort. Der Feuerlöscher, den er bei sich trug, prallte an den Kopf von Tom Pryce und tötete ihn ebenfalls. Der nun führerlose Shadow raste mit Vollgas weiter zur ersten Kurve. Dort kollidierte er ungebremst mit dem sich verlangsamenden Ligier von Jacques Laffite. Der Franzose kam mit dem Schrecken davon.

Tod nach Rennschluss

Waren Todesfälle früher Teil des Rennsports, wurden ab 1995 die Sicherheitsvorkehrungen immer besser. 2000 in Monza und 2001 in Melbourne wurde je ein Streckenposten von einem herumfliegenden Rad erschlagen. Danach kehrte in der Formel 1 bis zum Grand Prix von Kanada 2013 Ruhe ein. Dort musste kurz vor Rennschluss der Mexikaner Esteban Gutierrez sein Auto abstellen. Nach der darauffolgenden Zieleinfahrt des Siegers Sebastian Vettel stürmten die Fans die Strecke und rannten in Richtung des gestrandeten Sauber-Ferrari. Um diesen in Sicherheit zu bringen, begannen die Streckenposten mit dem Abtransport des Autos. Beim Ausbalancieren des schwingenden Rennwagens am Haken des fahrenden Traktors verlor ein Streckenposten sein Funkgerät. Als er versuchte, dieses aufzuheben, fiel er hin und wurde vom Hinterreifen des Bergungsfahrzeugs überrollt. Nur Stunden später erlag er im Krankenhaus den schweren Kopfverletzungen.

Ich hatte die Szene fotografiert und war dabei voll auf den am Haken hängenden Sauber fokussiert. Da die bisherige Saison für den Schweizer Rennstall alles andere als berauschend gewesen war, sollte die Aufnahme sinnbildlich für die schlechte Performance des Teams stehen. Dass ich gleichzeitig den Unfall mitfotografiert hatte, merkte ich nicht.

Nach der Siegerehrung begab ich mich sofort an die Arbeit. Ich wählte die wichtigsten Bilder aus und verschickte sie an meine Kunden. Erst als ich damit fertig war, drangen die negativen Schlagzeilen zu mir durch. Als dann die Nachfrage nach genau diesem einen Bild immer größer wurde, merkte ich, dass ich ein Ereignis festgehalten hatte, ohne es zu wissen und ohne es zu wollen. Natürlich stoppte ich sofort den weiteren Versand dieses Bildes.

Jahre zuvor, als die analogen Bilder noch zeitaufwendig entwickelt werden mussten, wäre ein solches Bild von mir nie und nimmer an die Medien gelangt.

> Als dann die Nachfrage nach genau diesem einen Bild immer größer wurde, merkte ich, dass ich ein Ereignis festgehalten hatte, ohne es zu wissen und ohne es zu wollen.

Helfen und sterben für den Rennsport 163

Ehrenamtlich kontrollieren sie das Renngeschehen rund um den Globus. Beim GP Europa auf dem Nürburgring auch mal ganz gemütlich mit Pfeife.

Nichts ist unmöglich! Hightech-Renntechnik trifft auf historisches Reinigungsequipment. Jarno Trulli (Toyota) nach einer Kollision mit Takuma Sato beim GP Japan in Suzuka 2005.

Helfen und sterben für den Rennsport

Kyalami 1971, eine ähnliche Situation die an selber Stätte sechs Jahre später zwei Todesopfer fordert. Ein Streckenposten überquert vor Mario Andretti (Ferrari) die Fahrbahn, um einem völlig ungefährdeten Fahrer Hilfe zu bieten.

▶ Impression vom GP Spanien in Barcelona 2007

SPECIAL

Pleiten, Pech und Pannen

Aller guten Dinge sind drei!

Im Training zum 1000-km-Rennen von Spa-Francorchamps 1970 ereignete sich eine heute unvorstellbare Geschichte. Jo Siffert erlitt in seinem Porsche 917 auf der Masta-Geraden mit 300 Stundenkilometern vorne links einen Reifenschaden. Positiv: Der Schweizer konnte das Auto unbeschadet zum Stehen bringen. Negativ: Zwar mussten die damaligen Sportprototypen laut Reglement ein Reserverad mitführen, doch dieses nützte dem Fahrer nichts. Um Gewicht zu sparen, wurden Werkzeug und Wagenheber nicht mitgeführt und das Ersatzrad war nicht aufgepumpt. Einzig auf der Targa Florio waren diese Utensilien mit im Auto, weil der Weg zur Box extrem weit sein konnte.

Anders als heute eilte damals nicht sofort ein Pannenfahrzeug herbei und das Mobiltelefon war noch nicht erfunden. Längeres Warten war angesagt. Dann tauchte auf einmal der finnische Porsche-Kollege Leo Kinnunen im Ersatz-917 mit aufgepumptem Reserverad, Wagenheber und Werkzeug auf. Doch die Radmutter war derart festgefahren, dass sich der Werkzeugschlüssel aufgrund des hohen Drucks in alle Richtungen verbog. Kinnunen musst mit seinem 917 zurück zur Box, um Ersatz zu holen. Wieder vor Ort, konnte das Rad endlich gewechselt werden und beide Autos fuhren wieder los.

Unglaublich aber wahr: Dieselbe Geschichte wiederholte sich nur wenige Minuten später. Involviert war an exakt gleicher Stelle wieder der gleiche Pilot, wiederum mit einem Plattfuß am linken Vorderrad. Einziger kleiner Unterschied: Einmal stoppte »Seppi« den Gulf-Porsche links und einmal rechts neben der Fahrbahn. Erneut kam Leo Kinnunen als Pannenhelfer angedüst und diesmal klappte der Radwechsel beim ersten Anlauf.

Als sich später Brian Redman den dritten Reifenschaden für das Team holte, rauten die Mechaniker über Nacht die Innenseiten der Felgen auf. Dadurch sollte das Wandern des Reifens auf der Felge verhindert werden, was als Ursache für den dreifachen Plattfuß eruiert worden war. Am nächsten Tag folgte das Happy End: Der Porsche mit der Startnummer 24 (Siffert/Redman) gewann das Rennen mit knapp drei Minuten Vorsprung auf das Ferrari-Duo Jacky Ickx und John Surtees.

Das waren die letzten Jahre, wo ein Fotograf nicht selten als einziger Zeuge vor Ort war. Nur er allein brachte dann die Bilder nach Hause und konnte diese gegen gutes Honorar verkaufen. Die Rennstrecken wurden über die Jahre kürzer und übersichtlicher, sodass heute alle speziellen Situationen drei- und fünffach, aus verschiedensten Richtungen, festgehalten werden.

20 Genie auf vier Rädern

Walter Röhrl: Der stets ruhig bleibende Perfektionist

Auf die Frage, wer der komplettere Rennfahrer sei, der Rallye-Fahrer oder der Rundstreckenpilot, kam vom dreifachen Le-Mans-Sieger Marco Werner die überraschende Antwort: »Walter Röhrl!« Tatsächlich gilt der Regensburger nach wie vor, selbst unter viel jüngeren Rennfahrern, als Maß aller Dinge. Immer wieder holte er in verschiedensten Fahrzeugen Spitzenpositionen: so im Opel Ascona 400, im Fiat 131 Abarth, im Lancia Rallye 037, im Gruppe B Audi Sport quattro bei den Rallyes, im Lancia Beta Montecarlo bei Langstreckenrennen, im Trans-Am- oder IMSA-Audi, im DTM Audi V8 quattro oder im Porsche 935 auf der Rundstrecke. Röhrl war der komplette Rennfahrer, der sowohl die Rallye- als auch die Rundstreckenrennen beherrschte.

Legendär sind auch die Sprüche des äußerst sympathischen Bayern: »Ein Auto ist erst dann schnell genug, wenn man morgens davorsteht und Angst hat, es aufzuschließen.« Oder: »Beim Beschleunigen müssen die Tränen der Ergriffenheit waagerecht zum Ohr hin abfließen.« Und: »Wenn du den Baum siehst, in den du reinfährst, hast du Untersteuern. Wenn du ihn nur hörst, hast du Übersteuern.« Über eine Sonderprüfung der Rallye Monte-Carlo erzählt er: »Es hat schwerst geschneit und ich musste als Erster fahren. Bei 20 Zentimeter Neuschnee bist du Schneepflug und Pistenfahrzeug in einem, da bist du normalerweise um Minuten langsamer. Ich bin da 30 Kilometer jenseits von Gut und Böse gefahren. Du konntest nicht sehen, wo die Straße zu Ende ist und wo der Abgrund kam und ich bin da sechs Sekunden schneller gefahren als Stig Blomquist. Normalerweise hätte der zwei Minuten schneller fahren müssen … Das war sicher die beste Sonderprüfung meines Lebens.«

Walter Röhrl als Streckengeher. Gut vorbereitet ins Rennen zu gehen, war seine Devise. Gerade bei schlechter Sicht. »Der Lange« war dann ein »fahrendes Navigationssystem«, so etwa in der »Nacht der langen Messer« bei der Rallye Monte-Carlo 1986.

Walter Röhrl bewegt auch den Fiat Panda 4x4 am Limit, wie wir das beim »sport-auto«-Shooting in den 1990er-Jahren miterleben durften.

Ohne Hektik

Mit Walter Röhrl zu arbeiten, ist immer eine echte Gaudi. Noch heute will er genau wissen, wo ich den Auslöser drücke, um dann an besagter Stelle das Auto perfekt in Szene zu setzen.

Ein »sport auto«-Shooting in Saalbach Hinterglemm werde ich nie vergessen. Walter Röhrl und Keke Rosberg testeten die damaligen 4x4-Autos: vom Fiat Panda bis hin zum Lancia Delta Integrale. Die Fahrzeuge standen auf einer vereisten Bergstraße aufgereiht. Mir fehlte nur noch das letzte Bild. Dafür wartete ich auf das Dämmerlicht. Wie immer bei Fotoaufnahmen mit engen Platzverhältnissen, kam im dümmsten Moment ein Verkehrsteilnehmer daher. Als dieser die Autos sah, dachte er, es handle sich um eine Verkehrsblockade, verursacht durch ein paar Volltrottel. Fluchend versuchte der herannahende Bauer auf der komplett vereisten Straße sein Auto zu stoppen. Doch es blieb beim Versuch. Der Wagen kam nicht zum Stillstand und gleichzeitig begann uns der Fahrer aus dem offenen Seitenfenster laut zu beschimpfen. Allmählich wurde uns klar, dass das rutschende Auto mit hundertprozentiger Sicherheit in einem unserer Testfahrzeuge enden würde. Auf die Aussage von Keke Rosberg: »Ich glaube, das kommt nicht gut«, schritt Walter in aller Ruhe auf das noch immer schlitternde Fahrzeug zu. Von außen griff er durch das Seitenfenster ins Lenkrad und dirigierte den sichtlich überraschten Fahrer: »So, jetzt mal weg von der Bremse. Ich habe doch gerade gesagt, nicht bremsen. So, nun ganz leicht bremsen. Nicht so stark. Ja, genau so.« Walter spazierte mit dem verdutzten Bauern mit und lenkte dessen Auto gekonnt an den Testfahrzeugen vorbei. Anschließend verabschiedete er sich freundlich von ihm.

Und immer perfekt

Beim Betrachten von Fotos in Magazinen interessierte ihn nie, ob die Aufnahme gut war. Wichtiger war ihm, dass das Bild die fahrerische Perfektion zum Ausdruck brachte. Wenn nicht, sagte er schnell einmal, was der Pilot hätte besser machen können. Auf die Frage, welche Aufnahmen bei ihm nach wie vor ein Wow-Erlebnis hervorrufen würden, meinte er: »Alle, bei denen das Auto quer steht, aber die Vorderräder geradeaus zeigen. Davon gibt es ein Bild mit dem Fiat 131 Abarth bei der Rallye Monte Carlo 1980 auf Schnee in einer Bergab-Linkskurve, oder eines aus dem Jahr 1984 auf dem Col de Turini im langen Quattro«. Wie bei den meisten Rennfahrern steigt auch bei Walter Röhrl die persönliche Bedeutung von Fotos im zunehmenden Alter. »Für mich sind sie eine tolle Zeitreise in die Vergangenheit.«

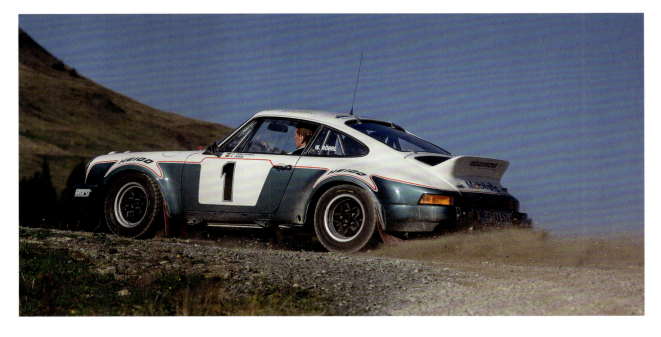

Bei der Saalbach-Classic zeigte Walter Röhrl den Teilnehmern jährlich sein unglaubliches Können – wie hier 2017 im Heigo-Porsche auf Schotter.

Anlässlich der Planai-Classic 1998 kämpfte er auf der Trabrennbahn von Gröbming mit dem Vor-Kriegs MG-Kompressor sogar gegen ein schnelles Pferd

Obwohl er das »im Kreis fahren« nie wirklich mochte, startete er 1980 im Lancia Beta Montecarlo Turbo gemeinsam mit Riccardo Patrese zu diversen Marken-WM Läufen und ließ dabei den Italiener oft an seinen Rundenzeiten verzweifeln. Drei Podestplätze, der Sieg in Brands-Hatch, ein zweiter Platz in Mugello mit Teamkollege Alboreto und der dritte in Monza am 27. April 1980 (hier im Bild), unterstreichen sein Können.

Ein schwerer Wasserschaden im Hause der Röhrls verspätete diesen Fototermin um Stunden, aber dann ließ er es mit dem Audi so richtig krachen.

Genie auf vier Rädern

Walter Röhrl wartet an seinem Arbeitsplatz im Gruppe B Audi quattro (1986) auf den nächsten Einsatz. Christian Geistdörfer am heißen Sitz studiert noch das »Gebetbuch«.

Walter, der begnadete Redner, so wie man ihn heute kennt und liebt.

21 Stille Helden

Wer erinnert sich an die Lebensretter

In den 1960er- bis Ende der 1970er-Jahre war das Feuer der gefährlichste Feind der Rennfahrer. Damals war der bis zu 300 Stundenkilometer schnelle Rennwagen eigentlich eine fahrende Bombe. Sie bestand aus über 200 Liter Benzin und den glühend heißen Auspuffkrümmern, die als Zünder dienten. Selbst wenn ein Crash verletzungsfrei verlief, konnte das Feuer noch den Tod bringen. Gefangen in ihren Cockpits kamen Jo Siffert, Lorenzo Bandini, Pedro Rodriguez, Piers Courage, Roger Williamson, Jo Schlesser, und viele mehr ums Leben. Beinahe hätte es auch Niki Lauda und Clay Regazzoni erwischt. Wären da nicht die wahren Helden des Sports gewesen.

Kampf gegen die Flammen

Die Weltmeister kennt man alle, sogar der Reihe nach, die Lebensretter dafür kaum. Viele erinnern sich an den Feuerunfall von Niki Lauda 1976 am Nürburgring. Dort unterließ der kleine, schmächtige italienische Asphalt-Cowboy Arturo Merzario nichts unversucht, und schaffte es am Ende, den bereits schwer gezeichneten Lauda aus dem Cockpit zu ziehen. Mit dieser Aktion rettete er ihm das Leben. Fünf Jahre zuvor, beim 1000-Kilometer-Rennen von Buenos Aires, war ihm ein ähnlicher Versuch misslungen. Merzario gelang es nicht, seinen Teamkollegen Ignazio Giunti aus dem Ferrari zu ziehen. Das Feuer war zu stark.

Mike Hailwood rettete 1973 Clay Regazzoni beim GP Südafrika in Kyalami das Leben. Nach einem Unfall zwischen ihm, Jackie Ickx und Clay Regazzoni, blieb der Schweizer im brennenden BRM sitzen. Der Engländer erkannte sofort die gefährliche Situation und zog den bewusstlosen Regazzoni aus dem Cockpit. Dank Hailwood wurde der Schweizer nur mit ein paar Brandwunden ins Spital eingeliefert.

»Werde fürs Fahren bezahlt«

Zu einer Tragödie kam es am 29. Juli 1973 in Zandvoort. Einzig David Purley versuchte krampfhaft, den verunfallten Piloten Roger

◀ Roger Williamson verunglückt am 29.7.1973 tödlich in seinem March. Die aufsteigenden schwarzen Rauchschwaden hinter den Dünen in Zandvoort sind das weithin sichtbare Zeichen dieser Tragödie.

David Purley hatte noch versucht, seinem Kollegen zu helfen, sein heldenhafter Einsatz gegen das Feuer blieb erfolglos.

Williamson aus dem brennenden March 731 zu retten. Alle anderen Piloten fuhren das Rennen weiter. Runde für Runde rasten sie am sterbenden Williamson vorbei. Derweil kämpfte Purley gegen die Flammen. Doch er war chancenlos. Der einzige Feuerlöscher vor Ort funktionierte nicht richtig und die Streckenposten hatten keine feuerfeste Kleidung. Sie mussten unmittelbar neben dem March zusehen, wie der Brite verbrannte. Das traurige daran: Die Fernsehbilder von Purleys einseitigem Kampf gegen das Feuer wurden live in die Wohnzimmer der ganzen Welt übertragen. Bedenklich: Lauda diktierte im Ziel in die Mikrofone: »Ich werde fürs Fahren und nicht fürs Parken bezahlt!«

Heute hinken die Live-Übertragungen um wenige Sekunden den laufenden Ereignissen hinterher. Auf diese Weise gibt man der Regie Zeit, im Falle eines Unfalles, wie beispielsweise bei Romain Grosjean in Bahrain 2020, zu reagieren und auf andere Kameras umzuschalten. Erweist sich der Unfall als harmlos, kann er später nachgeliefert werden.

Piers Courage fiel wie Roger Williamson schon am 21. Juni 1970 auch in Zandvoort den Flammen zum Opfer. Mike Hailwood rettet 1973 in Kyalami Clay Regazzoni aus dem brennenden BRM. Zwischen den beiden entstand eine tiefe Freundschaft. Retter und Opfer: Arturo Merzario (mit dem obligaten Cowboy-Hut), der Lebensretter von Niki Lauda, im Gespräch mit dem Mexikaner Pedro Rodriguez (mit Kamera), für den am 11. Juli 1971 auf dem Norisring bei einem Feuerunfall jede Hilfe zu spät kam.

22 »Dem Dani das Bild versaut«

Ein gutes Startbild ist die halbe Miete

Berufskollege Yves Debraine brachte die Aufgeregtheit des Fotografen kurz vor dem Start bereits in den frühen 1960er-Jahren auf den Punkt: »Neun Minuten vor dem Start. Ich werde mich doch noch etwas weiter nach links stellen, das ist besser! Sieben Minuten vor dem Start, das darf jetzt aber nicht wahr sein, da kommt eine Wolke. Noch fünf Minuten. Dieser Kerl wird sich jetzt aber nicht vor mich stellen! Noch drei Minuten. Ich frage mich, ob ich nicht doch besser die Straßenseite gewechselt hätte. Noch zwei Minuten. Die Wolke ist da und stiehlt mir zwei Blenden. Noch eine Minute bis zum Start: ›Hier dürfen Sie nicht stehen, das ist zu gefährlich‹, sagt ein Streckenposten. Da die Motoren schon aufheulen, stelle ich mich taub und blicke gebannt in den Sucher. Sie starten, volle Konzentration auf den Fokus. So JETZT … KLICK … doch erst nach dem Entwickeln des Films werde ich wissen, ob die Bilder gut geworden sind.«

Bis Ende der 1950er-Jahre waren die Kameras komplett manuell zu bedienen. Der Film musste nach jeder Aufnahme von Hand weiterbewegt und der mechanische Verschluss neu gespannt werden. Erst dann konnte ein weiteres Bild festgehalten werden. Jeder Fotograf hatte somit immer nur eine Chance auf ein gutes Startbild. Sobald die Autos im vorbestimmten Fokus lagen, wurde belichtet. Passierte außerhalb des angedachten Bildausschnittes ein Unfall, hatte man Pech gehabt. Unter diesen Bedingungen war die Gefahr groß, ein unscharfes oder total verwackeltes Bild vom Start zu haben. Geschah ein Unfall erst nach der Erstbelichtung, bekam man eine zweite Chance. Man konnte in der Zwischenzeit nachladen, die Schärfe manuell anpassen und ein weiteres Mal abdrücken. Erst nach der Entwicklung des Films stellte sich heraus, ob die Bilder geglückt waren. Die legendäre Nikon F kam 1959 auf den Markt und war die erste Kamera mit einem Motor. Das erleichterte die Arbeit der Fotografen massiv. In den Jahren danach wurden die Geräte stark weiterentwickelt. Die Erfindung des Autofokus Ende der 1970er-Jahre, bei dem das Gerät automatisch auf das Motiv scharf stellt, war ein Meilenstein in der Sportfotografie. Heute sind bis zu zehn Bilder pro Sekunde möglich. Dadurch wird die Arbeit massiv erleichtert. Der technologische Fortschritt trägt aber auch dazu bei, dass die Aufnahmen der Fotografen kaum noch individuelle Noten enthalten.

Immer mehr Sicherheitsvorschriften

Seit der Einführung der Formel 1 ist etwas gleich geblieben: Der Start ist noch immer das fotografische Hauptmotiv jedes Rennens. Egal was in den späteren 100 Minuten geschieht. Mit einem guten Bild vom Start hat der Fotograf die halbe Miete eingefahren.

Leider haben die Starts in den vergangenen Jahren aufgrund der viel breiter gewordenen Start-Ziel-

Am 4. Juni 1950 entstand beim GP der Schweiz in Bern das erste von rund 700 F1-Startbilder der beiden Reinhards.

Rauch und Qualm bringen viel Dramatik ins Startbild des GP von Südafrika in Kyalami 1970. Pole-Setter Jackie Stewart im March übernimmt die Führung.

Geraden massiv an Dramatik verloren. Die rund zwanzig Autos wirken heute eher wie Spielzeuge auf einem überdimensionalen Parkplatz und die Abstände der Fahrzeuge zueinander sind aus fotografischer Sicht viel zu groß. Zudem gibt es im Gegensatz zu früher kaum mehr eine Rauchentwicklung bei den Reifen und Motoren. Hinzu kommt, dass heute die Rennwagen versetzt in Zweierreihen starten. Bis 1974 bestanden die Startreihen aus drei, zwei und dann wieder drei Autos, die nebeneinander losfuhren.

Auch die Fotozonen haben sich stark verändert. Früher konnten die Fotografen, so auch mein Vater, den Start direkt vom Pistenrand aus fotografieren. Schutz hatten sie keinen. Weder von einer Leitplanke noch von einer Abschrankung. Erlaubt waren auch Bilder von der Boxenmauer. Heute ist das unmöglich. Die Boxenmauer ist während des Starts für sämtliche Personen gesperrt, auch für die Teamchefs und Teammanager. Man denke an die Eigendynamik, die ein Crash entwickeln kann. Ganze Autos oder Einzelteile fliegen schnell in alle Richtungen durch die Luft und werden zu gefährlichen Projektilen.

Heute müssen sich die Fotografen weit weg von der Startlinie an der Rennstrecke, geschützt hinter der Auslaufzone und dem Sicherheitszaun, positionieren. Das verdeutlicht, unter welch großer Gefahr einige der historischen Aufnahmen entstanden sind. Gleichzeitig überrascht es nicht, dass die Bilder der damaligen Zeit viel mehr Dramatik und Spannung ausdrücken.

Der Seitenschneider

In Imola wurde ein Jahr nach dem tödlichen Unfall von Ayrton Senna 1994 die schnelle Tamburello-Kurve in eine langsame Schikane umgebaut. Dort befand sich der erste Bremspunkt nach dem Start. Eine tolle Fotoposition. Doch leider störte der Zaun. Unsere Aufforderung nach einem Fotofenster lehnte der verantwortliche FIA-Vertreter ab. Zu dritt standen wir hinter dem Zaun. Ein guter Seitenschneider gehörte damals in jede Fotografenweste. So schnitten wir das Loch selber aus dem Zaun und fotografierten. Am Montag folgte der Ärger von der FIA aus Paris. Der Streckenposten hatte uns verpfiffen! Die Konsequenz: Beim nächsten Rennen in Barcelona nahm uns Bernie Ecclestone die permanente Akkreditierung weg. Immerhin bekamen wir als Ersatz eine einfache Pappkarte und konnten damit unserem Job nachgehen. Gleichzeitig bedeutete es das Ende des Seitenschneiders für uns Fotografen.

Die erste Startreihe mit Jochen Rindt, Jackie Stewart und Dennis Hulme nehmen beim GP England in Silverstone 1969 Fahrt auf.

»Dem Dani das Bild versaut«

Eine unglaubliche Menschenmenge verfolgt alljährlich die 500 Meilen von Indianapolis. Die »Front-Row« zum Indy 500 1991 bildeten Rick Mears, AJ Foyt und Mario Andretti.

▶▲ GP der Schweiz, Bern-Bremgarten 1950

▶ Wolfgang Graf Berghe von Trips im Ferrari 246P (7) neben Joachim Bonnier (4) und Hans Herrmann (5) beide Porsche 718/2..

Zu schneller Vettel

In der gesamten Saison 2011 zog Sebastian Vettel im Red Bull beim Start seinen Gegnern auf und davon. Meistens hatte er bereits nach wenigen Metern einen großen Abstand. Das Problem: Wollte ich das Feld in der ersten Schikane nach dem Start fotografieren, hatte das zur Folge, dass die Hälfte der Fahrzeuge nicht auf dem Bild waren. Über diese Situation ärgerte ich mich und sagte zu Sebastian: „Weißt du eigentlich, dass du mit deinen Superstarts unsere Startbilder ruinierst?" Auf sein Nachfragen erläuterte ich ihm das Problem. Vettel hatte zwar Verständnis für meine Ausführungen, versprach mir aber keine Besserung. Kurz darauf gewann er erneut hochüberlegen den GP Europa in Valencia. Als ich ihm zum Sieg gratulierte, sagte er. »Nach der ersten Schikane habe ich an dich gedacht.« »Wie das?«, antwortete ich. Daraufhin meinte der Red-Bull-Pilot: »Als ich in den Rückspiegel schaute und meinen Abstand sah, war mir sofort klar: Oh shit! Jetzt habe ich wohl dem Dani wieder das Startbild versaut.« So war es tatsächlich.

Der verpasste Start

Bei den 500 Meilen von Indianapolis war es jedes Mal ein großer Kampf, überhaupt ein Startbild zu bekommen.

Die Tribünen waren für die Fotografen gesperrt und die zugewiesenen Fotoplätze für die nicht hauseigenen Indy-Fotografen boten keine direkte Sicht auf die Start-Ziel-Gerade. So schmuggelte ich mich einmal sehr früh vor dem Rennen auf die Tribüne. Dort suchte ich mir den besten Platz und fragte die Fans, ob ich nicht vom Boden aus zwischen ihren Füßen den Start fotografieren könnte. Als Schweizer war ich ein Exot und bekam bei den Fans gewisse Privilegien. Und so boten sie mir nicht nur den Platz an, sondern versorgten mich auch noch mit Bier. Lange Zeit verharrte ich ruhig in der Position. Doch nur zwei Minuten vor dem Start entdeckte mich ein Marshall und fegte mich vom Platz. Die Diskussion der Fans, mich doch in Ruhe zu lassen, artete derart aus, dass am Ende die halbe Tribüne den Start verpasste. Mein Film blieb natürlich auch unbelichtet.

»Dem Dani das Bild versaut«

Start zum GP Italien in Monza 1968. John Surtees im Honda startet aus der Pole Position. Aus heutiger Sicht ist es unglaublich, wie viele Leute sich während des Starts noch auf der Strecke befinden.

◀ GP Schweiz, Bern-Bremgarten 1954
GP Frankreich, Reims 1966
GP Deutschland, Nürburgring 1968

»Dem Dani das Bild versaut«

Jeder Start kann auch der letzte sein. Am 10. September 1961 in Monza fährt Wolfgang Graf Berghe von Trips im Ferrari 156, der sogenannten »Sharknose«, mit der Startnummer 4 aus der Pole Position los und verunglückt in der zweiten Runde nach einer Kollision mit Jim Clark tödlich. Sein unkontrolliert umherfliegender Ferrari riss auch noch 15 Zuschauer mit in den Tod. Es ist und bleibt hoffentlich, der größte Unfall der F1-Geschichte.

Die Startampel zählt die fünf Doppel-Lichter im Sekundentakt hoch und bei deren Erlischen ist das Rennen eröffnet. In Shanghai 2010 wartet das Feld mit hohen Drehzahlen auf die Freigabe.

»Dem Dani das Bild versaut«

Charlie Whiting wartet 2005 auf den Mann mit der grünen Flagge, der am Ende des Feldes den Stillstand des letzten Teilnehmers meldet, dann erteilt er mit dem grünen Knopf der Ampel den Countdown. Ich konnte damals als erster dieses Bild machen. Persönlich befand ich mich bei dem Foto nicht auf dem Turm. Die Kamera wurde unter FIA-Aufsicht vor dem Rennen montiert und dann fernausgelöst. Der erste Versuch beim GP Ungarn misslang, weil die Funkverbindung versagt hatte.

▶ Am Ende eines langen Wochenendes zeugen nur noch die Spuren auf dem Asphalt vom Geschehen

Gähnende Leere 2020 auf allen Tribünen beim DTM Start auf dem »EuroSpeedway« in der Lausitz zeugen von der vorherrschenden Corona-Pandemie.

◀ Volles Haus in Le Mans 1970, wo nach diversen Protesten, die Piloten beim Start erstmals nicht mehr über die Strecke zu ihren Autos rannten. Ganz vorne steht der Porsche 917L von Vic Elford und Kurt Ahrens.

23 Der Geflügelsalat

Nicht jede technische Innovation war erfolgreich

Am 4. Mai 1969 standen beim GP Spanien 14 Autos am Start. Alle waren mit hohen Flügeln geschmückt. Was war der Grund für diesen Geflügelsalat? Im Jahr zuvor trat der Chaparral 2F bei den Sport-Prototypen erstmals mit einem gigantischen Flügel an. Kurz darauf montierte auch Ferrari beim GP Belgien einen Flügel. Mit Erfolg. Jetzt, in der neuen Saison, traten auf einmal alle Teams mit diesen aerodynamischen Hilfsmitteln an. Die Profile waren sogar beweglich, stellten sich auf der Geraden flach und beim Anbremsen der Kurve steil. Die wellige Strecke auf dem Circuit de Montjuïc in Barcelona mit der Kuppe, wo die Rennwagen leicht abhoben, wurde dieser diffizilen Technik aber zum Verhängnis.

Beim Start war noch alles gut …

Am Start ging noch alles gut. Rindt verteidigte souverän die Pole-Position und ging im Lotus 49B klar in Führung. Teamkollege Graham Hill kämpfte acht Runden lang mit Jo Siffert (Lotus) und Chris Amon (Ferrari), ehe er die beiden hinter sich lassen konnte. Nur eine Runde später folgte der erste Crash: Dem Lotus von Graham Hill brach bei rund 230 Stundenkilometern kurz vor der besagten Kuppe der Flügel. Das Auto schlug zunächst links, dann rechts in die Leitplanke ein und kam nach einer über 150 Meter langen Rutschpartie kurz vor der Spitzkehre zum Stillstand. Hill entstieg dem Wrack unverletzt, schaute sich das Rennen vom Streckenrand an und bemerkte, dass auch der Flügel an Jochens Auto nicht mehr lange halten wird. Mit Handzeichen versuchte er seinen Teamkollegen darauf

Der Deutsch-Österreicher Jochen Rindt nimmt in seinem Lotus Platz und startet aus der Pole-Position zum GP von Spanien auf dem Montjuïc, einem der beiden Hausberge von Barcelona, wo neben dem Grand Prix auch die Weltausstellung (1929) und die olympischen Sommerspiele (1992) stattfanden.

aufmerksam zu machen. Ohne Erfolg. Nur zehn Runden später folgte der zweite Crash: Rindt lieferte an derselben Stelle eine exakte Kopie von Hills Unfall ab. Nach zwei Leitplankenkontakten traf der Lotus jedoch wie eine Bombe auf das Auto seines Teamkollegen, das wie eine Schanze wirkte. Rindts Wagen hob ab und überschlug sich. Der Deutsch-Österreicher hatte riesiges Glück. Er brach sich bei diesem schrecklichen Unfall nur das Nasenbein und erlitt ein paar Prellungen.

»Katastrophen-Sepp« war vor Ort

Mein Vater war knapp hinter der Kuppe positioniert und hielt das 500-mm-Teleobjektiv der Hasselblad knapp über die Leitplanke. Dort fotografierte er die leicht springenden Autos und hatte den optimalen Standort, als plötzlich Hill mit dem geknickten Flügel quer über die Straße schlitterte. Damit wurde »Katastrophen-Sepp« wieder einmal seinem Namen gerecht. Als die ersten Trümmer flogen, duckte er sich hinter die Planke. Trotzdem traf ein Teil des Lotus die Sonnenblende seines Objektivs. Diese knickte wie ein Stück Papier zusammen. Vergeblich versuchte mein Vater die zerstörte Hülse zu entfernen. Ohne Erfolg. Er musste die Hasselblad zur Seite legen und auf die Nikon umsteigen. Als wenige Runden später auch der Flügel von Jochens Lotus einknickte und dieser über das Auto des Teamkollegen flog, war er wieder einsatzbereit. Entstanden ist ein irres Bild, das die enormen Kräfte des Unfalls aufzeigt.

Die Vertrauensfrage

Der GP Spanien war ein verrücktes Rennen. Ins Ziel kamen gerade sechs Autos. Jochen Rindt, der die Pole-Position ergattert hatte und ein Opfer der neuen Flügel wurde, meinte nach dem Rennen: »Lotus will immer noch schneller werden. Dabei wird vergessen, dass die Autos bis zum Ende fahren müssen.« Und auf die Frage eines Reporters, ob er nach dem Unfall das Vertrauen in seinen Lotus verloren habe, meinte er: »Ich habe nie welches besessen!« Die neuen Flügel wurden nach dem GP Spanien verboten. Es hieß fortan, dass Abtrieb produzierende Flächen Teil der Karosserie sein müssen und nicht über den Überrollbügel hinauswachsen dürfen.

◀+▼▼ Graham Hill verliert nach dem Bruch des Flügels den Lotus und knallt in die Leitplanken.

Der Geflügelsalat

Der sichtlich geschockte Hill versuchte noch seinen Teamkollegen zu warnen, doch schon fliegt auch Rindt von der Strecke und trifft voll auf das Wrack des Briten.

Der Geflügelsalat

24 Trofeo Lorenzo Bandini

Auszeichnung für außerordentliche Leistung

Beim GP von Monaco am 7. Mai 1967 wurde mein Vater Zeuge eines fürchterlichen Unfalls. In der Nähe der Hafenschikane musste er mitansehen, wie Lorenzo Bandini im lichterloh brennenden Ferrari festsaß. Erst nach drei Minuten gelang es den Streckenposten, den 31-jährigen Piloten aus dem Auto zu ziehen. Drei Tage später erlag Bandini seinen schweren Verletzungen.

1992 rief Bandinis Schwester die Trofeo Lorenzo Bandini ins Leben. Diese ehrt junge Rennfahrer, die in der abgelaufenen Saison durch großartige Leistungen aufgefallen sind. Erster Preisträger war Ivan Capelli. 2009 bekam Sebastian Vettel die Auszeichnung. Ausschlaggebend war dessen Außenseitersieg im Toro Rosso beim Regenrennen 2008 in Monza. Da bei der Preisverleihung auch ein Journalist oder Fotograf für seine Verdienste im Motorsport geehrt wird, durfte ich zusammen mit meinem Freund Sebastian in Brisighella (Emilia Romagna) die Trofeo Lorenzo Bandini von dessen Schwester entgegennehmen. Später gab es ein fantastisches Dinner. Mit Leuten wie Nino Vaccharella, Arturo Merzario, Gerhard Berger und Sebastian Vettel am selben Tisch zu sitzen, war für mich schlicht einzigartig.

◀▲ Lorenzo Bandini (Ferrari 158) in der Parabolica von Monza 1964

◀▼ Der nach dem Unfall völlig ausgebrannte Ferrari 312 F1 in Monaco 1967

Mit Sebastian Vettel bei der Ehrung in Brisighella

◀ 2008, wurde der Pole Robert Kubica als Rookie des Jahres mit der Trofeo Lorenzo Bandini geehrt. BMW wollte ihn nicht einfach so zu Fuß zur Preisverleihung schicken, sondern hatte die Idee, dass er den Preis als erster aller Gewinner im F1 abholen sollte. Ich wurde in einem BMW 3er Cabrio von Teammanager Beat Zehnder vorauschauffiert, um aus dem Auto auf der ungewöhnlichen Fahrt Bilder zu machen. Wir wiederum wurden von zwei Polizei-Motorrädern mit Blaulicht eskortiert. Zu unserem Erstaunen war die Straße von Faenza nach Brisighella nicht abgesperrt, sondern einzig die beiden eskortierenden Polizisten wiesen den Verkehr zur Seite. Da ein F1 nicht für langsames Fahren gebaut ist und einen gewissen Fahrtwind für die Kühlung braucht, führte unsere Fahrt richtig flott durch den Verkehr. Fast alle Verkehrsteilnehmer nahmen an, dass unser Cabrio das von der Polizei eskortierte Fahrzeug sei und rechneten natürlich nicht im leisesten damit, dass da noch ein echter Formel 1 daherkommen könnte, welcher natürlich, infolge seiner geringen Höhe, auch kaum im Rückspiegel zu erkennen war. Kubica zwängte sich durch die vom Lärm erschrockenen Verkehrsteilnehmer, die dann teilweise einfach wild nach rechts oder links in die Botanik fuhren.

▲ Auch Sebastian Vettel fuhr im Folgejahr dieselbe Strecke im Toro Rosso, mit dem kleinen Unterschied, dass nun alles fein säuberlich abgesperrt war.

SPECIAL

Da staunte selbst Peter Sauber: Das Verhältnis zwischen Dollar und Franken

In der Formel 1 gibt es nur eine Währung: den Dollar. Alle Teams außerhalb des Dollarraums müssen ihre Kosten in Dollar umrechnen und sind den Währungsschwankungen ausgesetzt. Um die Unterschiede der einzelnen Währungen darzustellen, kam mir die Bildidee mit einer alten Apothekerwaage. Die Waage konnte ich schnell und einfach beim Apotheker beschaffen. Das Geld aber war eine andere Sache. So ging ich in Sarnen auf die Regionalbank. Dort bat ich einen arbeitenden Kollegen um rund 15.000 Dollar und vielleicht 5.000 Franken zur Umsetzung der Bildidee. Ich erklärte ihm die Details. Nach kurzer Bedenkzeit gab er mir spontan sein Einverständnis. Er stieg in den Safe und ich erhielt ohne Umrechnungsverlust, Konto-Bezug oder Papierkram das Geld für rund 24 Stunden ausgeliehen. Bei Peter Sauber im Büro stellte ich die Waage auf den Tisch, zog tausende von Dollars und Franken aus der Tasche und drapierte sie auf die beiden Waagschalen. Da bekam Peter ganz große Augen und fragte mich, wo ich denn das viele Geld her hätte? »Nur mal kurz ausgeliehen …«, meinte ich und erzählte ihm die Geschichte. Das erstaunte ihn und er antwortete: »Bei dir da hinten auf dem Land kann ja so was noch gehen. Bei uns in der Stadt hättest du damit keine Chance.«

Ausgefallene Bildideen sind meist mit Aufwand und Organisation verbunden, zudem muss das Umfeld mitspielen.

Da staunte selbst Peter Sauber

25 Schumachers Eintrag in meiner Krankenakte

Fotografen leben gefährlich

Das traf ebenso für mich zu, auch wenn die Sicherheitsbedingungen Jahr für Jahr besser wurden. Während meiner Kariere hatte ich drei Mal richtig Glück. Chronologisch gesehen war der erste Schauplatz das 1000-Kilometer-Rennen von Monza 1984. Dort verlor der Argentinier Oscar Larrauri beim Anbremsen zur ersten Schikane die Kontrolle über seinen Brun-Porsche 956. Das Auto pflügte sich über die Grünfläche Richtung Leitplanke direkt auf mich zu. Wegrennen war zwecklos. Zu eng waren die Gegebenheiten. Also entschied ich mich für ein paar letzte Fotos. Mit der Pentax 6 x 7 cm Mittelformatkamera und dem 400-mm-Teleobjektiv bestückt, hatte ich die Chance auf zwei scharfe Bilder, denn das Auto befand sich nur zweimal im Fokus, einmal vor und einmal nach dem Aufschlag in die Leitplanke. Dazwischen musste ich den Film mechanisch weiterdrehen. Wäre der Porsche über die kniehohe Leitplanke geflogen, hätte ich ein echtes Problem bekommen.

Beim Formel-3000-Rennen in Spa 1993 benötigte ich den zweiten Schutzengel, als ich zusammen mit meinem japanischen Kollegen Norio Koike in der Ausfahrt der Bus-Stop-Schikane stand und ein Rennwagen vor unserer Linse in die Leitplanke knallte. Der Versuch, Bilder zu machen scheiterte, da die Optik viel zu lang war. Dabei realisierte ich nicht, dass ein abgetrenntes Rad samt Aufhängung von oben auf mich zuflog und nur knappe zwei Meter neben mir auf den Boden knallte. Norio schaute mich an und meinte trocken: »Lucky boy!« Das Rad hätte mich garantiert erschlagen. Weniger Glück damit hatten zwei Rennfahrer: Der Österreicher Markus Höttinger (1980) und John Surtees' Sohn Henry (2009) wurden beide von umherfliegenden Rädern getötet.

In Sicherheit bringen musste ich mich 1994 beim DTM-Lauf auf dem Norisring, nachdem bei Keke Rosbergs Opel Calibra beim Anbremsen der Grundig-Kehre die Bremsscheibe gebrochen war. Am Ende der langen Vollgas-Geraden raste der Finne völlig ungebremst in die Auslaufzone. Dort durften wir Fotografen damals noch stehen. Im letzten Moment gelang mir ein rettender Sprung zur Seite. Als der Opel Calibra zum Stillstand gekommen war, stieg Rosberg aus und vergewisserte sich, dass mir nichts passiert war. Viele Jahre später, als schon Kekes Sohn Nico im Mercedes fuhr, trafen wir uns im Transferbereich des Flughafens in Qatar und aßen zusammen einen Burger. Ich erwähnte den Unfall und Keke erinnerte sich sofort an den Fotografen, auf den er zugeflogen war. Dass ich derjenige war, wusste er nicht mehr. Aber er sagte, dass ihm ein Stein vom Herzen gefallen sei, als er die Person wohlauf vor sich gesehen hätte.

K.o. durch Werbetafel

Die heute massiv engere und auch langsamere Remus-Kurve in Spielberg wurde früher Bosch-Kurve genannt und war eine der absoluten Wahn-

Ohne meinen Schutzengel hätte mich das abgetrennte Vorderrad in Spa 1993 getötet.

> Nelson entstieg bereits unverletzt dem Auto, doch neben mir lag ein bewusstloser Fotograf. Ich begann mich um ihn zu kümmern. Glücklicherweise kam er bereits nach kurzer Zeit wieder zu sich.

sinnskurven der Formel 1. Die Autos verließen diese sich öffnende 180-Grad-Kehre mit über 250 Stundenkilometern. Nur durch eine dreifache Leitplanke getrennt, konnten wir das Geschehen fotografieren. Als Nelson Piquet mit dem Brabham im Training gegen die Leitplanken flog, duckte ich mich tief zu Boden und spürte den heftigen Einschlag, wie auch die spätere Rutschpartie des Autos. Als alles wieder ruhig war, stand ich auf und schaute, was passiert war. Nelson entstieg bereits unverletzt dem Auto, doch neben mir lag ein bewusstloser Fotograf. Ich begann mich um ihn zu kümmern. Glücklicherweise kam er bereits nach kurzer Zeit wieder zu sich. Das Verrückte: Er war nicht von einem Fahrzeugteil getroffen worden, sondern war schutzsuchend direkt mit dem Kopf in die riesige Werbetafel gerannt, die sich knapp hinter uns befand.

Schumacher in der Krankenakte

Im Jahr 2000 holte ich mir beim GP von Großbritannien in Silverstone eine schmerzhafte Fußverletzung. Michael Schumacher stand vor seinem Bruder Ralf in der Startaufstellung. Ich fotografierte kniend, wie Ralf seinem Williams BMW entstieg, als Michael hinter mir seinen Startplatz ansteuerte und dabei mit seinem linken Hinterrad meinen Fuß überrollte. Michael stieg sofort aus seinem Ferrari, kam auf mich zu und meinte: »Ich hoffte, einen dieser Paparazzi erwischt zu haben. Dass es nun aber dich getroffen hat, tut mir echt leid. Bist du okay?« Ich verspürte im Moment nicht viel, fotografierte das Rennen und flog am Abend mit sich langsam bemerkbar machenden Schmerzen nach Hause. Am nächsten Morgen kam das böse Erwachen. Es war mir nicht mehr möglich, aufzutreten. Da es Ostermontag war, konnte ich nicht meinen Hausarzt Dr. Urs Wipfli aufsuchen. Ich musste zu einem seiner Kollegen und landete bei Dr. Josef Jeker. Der wollte genau wissen, was mit meinem dicken Fuß passiert sei. Ich sagte ihm, dass er der Wahrheit sowieso keinen Glauben schenken würde. Auf sein Drängen hin sagte ich dann: »Michael Schumacher ist mir gestern mit dem Ferrari drüber gefahren!« Dr. Jeker begann laut zu lachen und meinte, dass das das Beste sei, was er je zu Ohren bekommen hätte. Nun könne ich ihm noch die Wahrheit sagen. Doch genau das hatte ich getan.

Und so steht Michael Schumacher als Ursache für meinen Fußunfall noch heute in meiner Krankenakte.

Bereits mit Bewegungsunschärfe infolge meiner Flucht vor dem Opel Calibra von Keke Rosberg entstand, ein letztes Bild, wie er ungebremst und mit hohem Tempo in die Auslaufzone auf mich zufliegt.

Rosberg erklärt mit hochrotem Kopf, dass er doch fast noch den Fotografen da hinten über den Haufen gefahren hätte.

Schumachers Eintrag in meiner Krankenakte

Noch ohne Autofokus war der abfliegende Porsche 956 genau zweimal im Schärfebereich. Einmal vor und einmal nach mir, dazwischen musste aber auch noch der Film manuell weitergespult werden.

26 Nackte Tatsachen

Sex sells – auch im Motorsport

Szenen nackter Haut waren in den wilden 1970er- und 1980er-Jahren keine Seltenheit im Motorsport. Jahrzehnte vor der Me-Too-Bewegung zierten vor allem in Amerika Pappkartons mit der Aufschrift »Show me your tits« Straßenränder und Tribünen. Und nicht selten kam es dazu.

Es war die Zeit, als Sponsoren noch mit hübschen Frauen werben durften. So stellte BAR-Honda 2003 den F1-Renner mit ein paar australischen Schönheiten an den Strand von Melbourne und ließ uns Fotografen freien Lauf. Auch Männermagazine wie der »Playboy« oder das »Penthouse« nutzten nicht selten die Plattform Motorsport für ihre Fotostrecken. Tempora mutantur, nos et mutamur in illis – die Zeiten ändern sich, und wir ändern uns in ihnen. Und so werden Aufnahmen dieser Art in der Gegenwart anders betrachtet als zum Entstehungszeitpunkt. Viele von ihnen könnten so heute nicht sicher mehr gemacht werden.

Aber erinnern wir uns doch an ein paar Geschichten aus der »guten alten Zeit«, beispielsweise an den GP Frankreich in Dijon 1982. Während sich sechs Grand-Prix-Piloten miteinander unterhielten, kamen zwei knapp bekleidete Girls zum noch jungen Franzosen Alain Prost. Zu seiner großen Überraschung küssten sie ihn spontan links und rechts auf die Wangen. Später stellten sich die beiden an die Leitplanke und entledigten sich ihres Oberteils.

Hosenloser Rennfahrer

Groß war der Frust der Fans, als Michelin 2005 beim GP der USA in Indianapolis den Rückzug seiner Teams beschloss. Nach gravierenden Reifenproblemen in den Trainings absolvierten die Michelin-Autos beim Rennen nur die Einführungsrunde und fuhren dann zur Box. Den GP

Als Entblößen noch weniger hinterfragt wurde. Am Strand von Melbourne etwa fielen im Jahr 2003 die Hüllen. Und in Indianapolis zeigten die Fans ihren Frust über den Rückzug aller Michelin-bereiften Rennwagen.

bestritten lediglich die sechs mit Bridgestone bereiften Rennwagen. Statt Spannung pur war große Langeweile angesagt. Das zeigten mir ein paar Fans mit heruntergelassener Hose.

Bei Ludovico Scarfiotti führte ein anderer Grund dazu, dass er sich seiner Hose entledigte. Ein Leitungsleck ließ heißes Öl in seine Sitzschale fließen und schmorte seinen Allerwertesten. Kaum aus dem Auto, gab es für den Italiener nur eines: Hose runter. Der Feuerlöscher war indes nicht nötig, aber die verheerenden Folgen sind auf dem Bild deutlich zu sehen.

Eine heiße Szene gab es auch in Monte-Carlo 2006, als der Schotte David Coulthard im Paddock zum Zaun ging, um Autogramme zu schreiben. Eine junge Frau drückte ihm ein T-Shirt durch die Maschen. Darauf meinte David grinsend, dass er viel lieber auf dem von ihr getragenen T-Shirt unterschreiben würde. Da hob die Frau ihr Shirt und bot uns für einen kurzen Moment einen Blick auf ihre Weiblichkeit. Ich stand direkt daneben und machte geistesgegenwärtig ein Bild. David lachte, unterschrieb, drehte sich zu mir um und sagte: »Dani, please send me this picture!«

Nein, der Feuerlöscher ist nicht mehr nötig, trotz all der Brandblasen am Allerwertesten.

Ein lachender junger Alain Prost in Dijon 1982 und wenig später sind die Damen topless zur Freude aller Mechaniker und Fotografen.

Nackte Tatsachen

Emotion pur in Monaco. Eines der Bilder die mehr sagen als tausend Worte.

▶▲ Bodypainting in Silverstone und Monza

▶ Das »Quadriga«-Mädchen beendete die Nacktheit der F1. Mit einem Mantel wurde sie von Pasquale auf ihrem Spaziergang durch das Fahrerlager abgefangen und verhüllt.

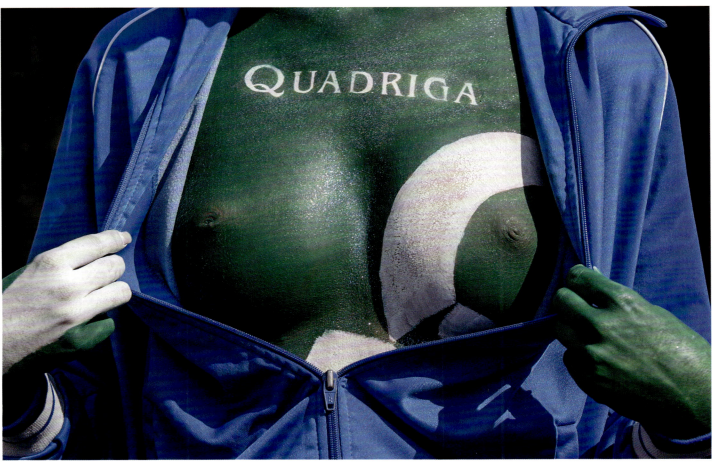

27 Drive in ...

... the car mit Michael Schumacher oder Nelson Piquet

Als Motorsportfotograf baut man mit der Zeit ein Vertrauensverhältnis und manchmal gar eine Freundschaft mit einigen Fahrern auf. In all den Jahren chauffierten mich viele berühmte Piloten. Dabei faszinierte mich jedes Mal ihre unglaubliche Fahrzeugbeherrschung. Sie geben zügig Gas, sind weit weg vom Rasen und ziehen ihre Autos wie auf Schienen um die Kurven.

Crash mit Udo Jürgens

Berghe Graf von Trips zeigte meinem Vater bereits 1960 in einem VW Käfer die korrekte Lenkradhaltung. Und von der Fahrt mit John Surtees im Ferrari 250 LM in Reims träumt er noch heute. Am liebsten erzählt er von der Taxifahrt nach dem Großen Preis der Niederlande 1969. Die Wegfahrt von Zandvoort ist bis heute extrem zeitraubend und mit viel Stau verbunden. Um schneller zum Flughafen zu kommen, konnte mein Vater mit Jo Siffert im Mietwagen nach Amsterdam Schipol mitfahren. Kurz zuvor hatte der Schweizer Rennfahrer hinter Jackie Stewart den hervorragenden zweiten Platz geholt. Da die Zeit knapp war, nahm Siffert eine Abkürzung und fuhr einige hundert Meter am Sandstrand entlang, ehe er mit etwas zu viel Schwung die Böschung hoch auf die Straße zurückfuhr. Dort schubste er prompt einen Rolls-Royce. Die beiden Fahrer stiegen aus und ohne groß zu diskutieren gab ihm Siffert seine Visitenkarte mit der Meldung: »Wir regeln das später, ich bin in großer Eile.« Zurück im Auto gab sich der Formel-1-Pilot nachdenklich, bevor er meinen Vater fragte: »Ich glaub ich kenne den Mann. Weißt du, wer das war?« Die Antwort meines Vaters kam prompt: »Ja klar: der Udo Jürgens!«

Prosts Führerschein

Aus heutiger Sicht undenkbar war die Nummer in Monza 1979, als Marc Surer mit dem BMW M1 ProCar in der Variante Ascari an der Stelle, wo ich

In all den Jahren wurden wir von Wolfgang Graf Berghe von Trips im VW Käfer oder Clay Regazzoni im Schweizer Postauto bis hin zu Bernie Ecclestone im Jeep chauffiert.

Jean Alesi, Gerhard Berger, Colin McRae, Hans-Joachim Stuck, Nick Heidfeld, Jean Todt, Jackie Stewart, Jody Scheckter und Michael Schumacher

fotografierte, stehen blieb und nach Rennende zu mir meinte: »Komm, setz dich rein …« Da das Auto nicht mehr lief, wurden wir zwar nur abgeschleppt. Nach heutigem Reglement hätte Marc vermutlich eine Sperre von fünf Rennen bekommen und ich meine Akkreditierung verloren.

Eine andere Geschichte ereignete sich 1999 auf dem Media-Parkplatz von Spa-Francorchamps. Dort fand ich am Boden neben meinem Auto einen Schweizer Führerschein. Ich hob ihn auf, öffnete ihn und sogleich kam die Überraschung. Der Ausweis gehörte Alain Prost. Als ehrlicher Mensch brachte ich ihm das Dokument sogleich zurück. Obwohl: Der Reiz war groß, bei der nächsten Polizeikontrolle dem Beamten dieses spezielle Papier in die Hand zu drücken …

Auf kriminellen Pfaden

2011 endete ein Fotoshooting mit Simona de Silvestro im Lamborghini Aventador beinahe mit einer Verhaftung. Da an diesem Herbsttag im Tösstal bei Winterthur Nebel herrschte, fuhr ich mit der Schweizer Rennfahrerin der Sonne entgegen. Endlich unter blauem Himmel angekommen, beginnen wir mit dem Shooting. Als erstes machen wir das klassische Bild fahrend hinter dem Steuer. Um mehr Abstand zu gewinnen, öffnete ich auf der Beifahrerseite die Scherentür und setzte mich auf die Konsole. So fuhren wir langsam in eine Ortschaft. Simona lachte über den kleinen Jungen auf seinem Fahrrad, der wie wild vor uns flüchtete, vor einem Haus vom Zweirad sprang und ins Haus rannte. Später bei den Standaufnahmen bekamen wir Besuch einer jungen Frau, die genau wissen wollte, was wir da machten. Auch der Postbusfahrer stoppte neben uns und vergewisserte sich nach unserem Tun. Die Szene wurde immer gespenstischer, bis wir von einer weiteren Mutter aufgeklärt wurden. Ein Fall von Kindesmissbrauch war wenige Tage alt. Die von den Eltern und Lehrern instruierte Jungmannschaft war in Alarmbereitschaft. Da passte der Supersportwagen mit offener Beifahrertür nicht ins gewöhnliche Bild dieses kleinen, idyllischen Dorfes. Der Junge verschanzte sich inzwischen immer noch im Haus und verweigerte aus Angst den Schulnachmittag. Also besuchten wir ihn und klärten das Missverständnis auf. Dafür durfte er mit Simona eine Runde im Supersportwagen mitfahren, was ihn von seiner Angst befreite.

De Silvestro holte sich übrigens zwei Jahre später den zweiten Platz in Houston und war damit die dritte Frau nach Sarah Fisher und Danica Patrick, die eine Indy-Car-Podestplatzierung herausfahren konnte.

Querfeldein mit Schumi

In guter Erinnerung bleiben die Taxifahrten mit Klaus Ludwig im DTM-Mercedes oder mit Hans Stuck im ProCar BMW M1 auf der Nordschleife. Unvergesslich ist die Fahrt mit Michael Schumacher 1997 im Fiat Abarth Trofeo auf der Ferrari-Teststrecke in Fiorano. Das kleine Nachwuchsauto für den Rallyesport hatte gerade mal 55 PS bei knapp 800 kg. Schumi war natürlich andere Dimensionen gewohnt. Plötzlich meint er, dass das eigentlich kein Straßen-Rennauto sei und nicht auf eine asphaltierte Piste gehöre. Gesagt getan, bog er von der Strecke ab und fuhr mit mir im Rallye-Stil kreuz und quer über die Wiese. Fotos waren beim ganzen Gerüttel natürlich keine mehr möglich. Viel angenehmer war es dann 1995 mit ihm im Mercedes Cabrio durch Monte-Carlo zu cruisen!

Mit Massa über São Paulo

Auf der Petronas-Tour in Malaysia war 2007 plötzlich unser Busfahrer im schönen Malakka unauffindbar. Die ganze Truppe wartete im Auto auf ihn. Da setzte sich Robert Kubica zum ersten Mal in seinem Leben ans Steuer eines Busses und fuhr langsam los. Doch weit kam er nicht. Es dauerte nur wenige Sekunden, bis einer der Fahrgäste schrie, dass der Fahrer wie ein Wahnsinniger hinter uns herrennen würde.

Manchmal erhielt ich auch Einladungen für tolle Trips jenseits der Asphaltpiste. So durfte ich mit Skipper Nelson Piquet vor Fortaleza vom Wind getrieben auf den Wogen des Atlantiks einen tollen Nachmittag verbringen. Und mit Felipe Massa gab es eine unvergessliche Sightseeing-Tour im Hubschrauber über den Dächern von São Paulo.

Marc Surer, Felipe Massa, Mark Webber
und Mika Häkkinen

Nelson Piquet, Niki Lauda, Nelson Piquet und Robert Kubica

Drive in ...

Jacques Villeneuve, Thierry Boutsen,
Jo Siffert und Walter Röhrl

Simona de Silvestro, Sebastian Vettel und Adrian Newey

Drive in ... 229

28 Schlaflos in Le Mans

Digitalisierung macht die Nacht zum Tag

Heute ist es eine Selbstverständlichkeit, im Dunkeln zu fotografieren. In der Zeit der analogen Fotografie war es fast nicht möglich, Nachtaufnahmen von fahrenden Rennautos zu machen. Zwar gibt es ein paar hervorragende Boxenaufnahmen aus Le Mans, Reims, Daytona oder Sebring. Diese kamen aber nur zustande, weil die Autos stillstanden und das ganze Umfeld beleuchtet war. Herausragende Action-Aufnahmen kann man an einer Hand abzählen. Auf den meisten Bildern stechen nur die beiden Scheinwerfer der Autos aus dem schwarzen Umfeld heraus.

Selten gute Farbaufnahmen

Farbfilme hatten mit 400 ISO und der Möglichkeit, diese mit einer Spezialentwicklung auf 800 ISO zu pushen, eine viel geringere Lichtempfindlichkeit als die Schwarzweißfilme. Deshalb sind bunte Nachtaufnahmen eine wahre Rarität. Erschwerend kam hinzu, dass früher Objektive mit einer langen Brennweite höchstens eine Lichtstärke von 1:4,0, oft sogar von nur 1:5,6 aufwiesen.

In den 1960er-Jahren lancierte Kodak den 2475 Recording Schwarz-Weiß-Film mit einer Empfindlichkeit von 1600 ASA (ISO). Das war für die damalige Zeit ein Quantensprung. Im Kleinbildformat war der Film sehr grobkörnig. Dafür verringerte sich die Körnung durch das rund viermal größere Mittelformat drastisch. Nun konnten endlich stimmungsvolle Nachtaufnahmen vor allem in der Box auch ohne Stativ gemacht werden. Ab und zu gelang auch ein Mitzieher eines vorbeifahrenden Autos.

1964 fotografierte mein Vater beim 12-Stunden-Rennen in Reims. Dabei gelangen ihm mit der Hasselblad 6x6 vom Dreibein-Stativ auf dem Kodak 2475 Recording Film einzigartige Aufnahmen vom Start. Das Rennen begann nicht wie in

◀ Langzeitbelichtung am Karussell beim 24h-Rennen vom Nürburgring

Beim Porsche 911 GT3 R, aufgenommen bei völliger Dunkelheit, erkennt man sogar das Glühen im Auspuff.

Der Mitzieher des Williams von Felipe Massa im Nachtrennen von Bahrain verwandelt die Funkenpunkte in lange Striche und die magere »Weihnachtsbeleuchtung« ergibt die unscharfen Lichteffekte über dem Auto.

Fernando Alonso gewann 2018 im Toyota TS050 mit Buemi und Nakajima auf Anhieb die 24 Stunden von Le Mans. Nach seinen beiden GP-Siegen in Monaco (2006 und 2007) fehlt ihm zur »triple crown« nur noch der 2017 relativ knapp verpasste Erfolg beim Indy 500.

Schlaflos in Le Mans

Ein nächtlicher Traumschuss der analogen Zeit. Der Ferrari 312P von Tony Adamowicz und Chuck Parsons lässt mit den Scheinwerfern die Regentropfen tanzen.

Wie ein Schattenriss kommt Esteban Gutierrez im Sauber C32 im Dämmerlicht von Abu Dhabi (2013) über den Hügel.

Le Mans am Nachmittag bei Tageslicht, sondern genau um Mitternacht in aller Dunkelheit. Nach dem Zieleinlauf am Sonntagmittag folgte schon kurze Zeit später mit dem Grand Prix von Frankreich der zweite Höhepunkt. Sportwagen und Rennwagen waren in Reims am selben Wochenende am Start.

Nervige Kreissäge

Heutigen Digitalkameras sind kaum mehr Grenzen gesetzt. Da die Lichtempfindlichkeit fast ins Grenzenlose erhöht werden kann, sind sogar bei sehr schwachem Licht fantastische Fahraufnahmen möglich – selbst mit langen Brennweiten. Doch der ganze technische Fortschritt bringt auch seine Nachteile mit sich. Heute sind die Xenon-Scheinwerfer der Rennwagen extrem grell. Bei Frontalaufnahmen können Auge und Kamera die Autos aufgrund des grellen Lichtkegels nicht mehr erkennen und der Autofokus dreht ins Uferlose.

Die Digitalisierung veränderte auch die Arbeitszeit der Fotografen. Aufnahmen sind nun rund um die Uhr möglich. Die Nacht wird zum Tag. Im Zeitalter der analogen Fotografie bannten die Fotografen bei Dunkelheit einzig ein paar Boxenstopps sowie nächtliche Impressionen mit Lichtstreifen auf den Film. Danach konnten sie sich bis zum Morgengrauen beruhigt auf dem Presseparkplatz im Auto hinlegen und ein paar Stunden schlafen. Doch auch hier gab es eine Ausnahme. Beim 24-Stunden-Rennen von Le Mans brachte uns 1991 der Mazda 787B mit Johnny Herbert, Volker Weidler und Bertrand Gachot komplett um den Schlaf. Der Kreiskolbenmotor des Autos tönte – Nomen est omen - wie eine unsäglich laute Kreissäge und schüttelte uns Runde für Runde durch. Wenigstens gewann das Auto das Rennen, womit der Krach eine gewisse Legitimation erhielt.

▲▲ Der Mitzieher von der Haupttribüne in Le Mans des über die Start-Ziel-Gerade fliegenden Porsche 956 im schwachen Gegenlicht der Boxenanlage war im analogen Zeitalter das Höchste der Gefühle.

▲ 1999 gewann der BMW V12 LMR überraschend den 24-Stunden-Klassiker in Le Mans. Mit langer Verschlusszeit und einem Aufhellblitz gelang diese Nachtaufnahme.

Aus einem Zimmer des Swissotels entstand dieses Bild der hell beleuchteten Rennstrecke im Herzen von Singapur.

Mitternacht in der Champagne. Start zu den 12 Stunden von Reims 1964. Die Lanzeitbelichtung vom Dreibein-Stativ lässt die noch stehenden Autos klar erkennen, während von anderen eine Geisterabbildung (Durchsicht) oder gar nur noch Lichtstreifen sichtbar sind.

Eine Langzeitbelichtung, wie hier in Le Mans (Esses), verwandelt die Rücklichter in rote Streifen und macht die Ideallinie der Autos deutlich.

SPECIAL

Männer und Mythen: Gesichter für die Ewigkeit

Enzo Ferrari (18.2.1898–14.8.1988) hat sich selbst zum Mythos gemacht. Er baute einzigartige Autos und verfolgte eine klare Markenstrategie. Sein wohlklingender Name mit dem springenden Pferd auf gelbem Grund ist im Rennsport seit Jahrzehnten allgegenwärtig. Ob Sieg oder Niederlage: Die weltweit riesige Fangemeinde jubelt oder leidet mit der Scuderia Ferrari immer mit. Ferrari ist Emotion pur!

Nur wenige Menschen haben Enzo Ferrari persönlich getroffen. Trotzdem wissen all die Ferrari-Fans, wie er zu Lebzeiten ausgesehen hat. Dafür sind zahlreiche Fotos in Büchern und Zeitschriften verantwortlich. Sie sorgen dafür, dass sich sein Gesicht in unserer Erinnerung einprägt.

Enzo Ferrari war nur selten an der Rennstrecke. Dementsprechend wenig Bildmaterial gibt es über den charismatischen Italiener. Der Fotograf Julius Weitmann war einer der Wenigen, die eine persönliche Beziehung zu ihm pflegten. Es gelang ihm, einzigartige Momente im Leben von Enzo Ferrari festzuhalten. Mein Vater hatte damals einen sehr guten Draht zu Sig. Dottore Franco Gozzi, der sich vom Mediendelegierten zum Sportchef der Scuderia Ferrari hochgearbeitet hatte und als »Schatten« von Enzo Ferrari galt.

Durch ihn lernte mein Vater auch den Mythos Ferrari kennen. In fast allen Ferrari-Jahrbüchern aus den 1960er- und 1970er-Jahren sind Bilder mit der Angabe »Foto: Josef Reinhard, Sachseln«, abgedruckt. Zum Jahresende bekam mein Vater immer ein Paket mit einem Jahrbuch, einer exklusiv ledergebundenen Agenda und der Visitenkarte mit persönlicher Signatur: »Ferrari«. Als speziellen Dank für seine fotografische Tätigkeit erhielt er 1966 eine Einladung nach Maranello zu einer exklusiven Werksbesichtigung und einem Lunch mit dem Chef höchstpersönlich.

»Wenn dich das eigene Rad überholt, sitzt du in einem Lotus«

Ein anderer Mythos entstand in England rund um Lotus. Begründer war Anthony Colin Bruce Chapman (19.5.1928–16.12.1982). Hören wir seinen Namen, haben wir sogleich das Bild des Mannes im Kopf. Chapman war ein technisches Genie. Er revolutionierte den Automobilrennsport mit der extremen Leichtbauweise und später dem Monocoque sowie dem Motor, der bei seinen Autos zum tragenden Element wurde. Später setzte er Maßstäbe mit der Keilform des Lotus 72, aber auch mit dem Einbezug der Aerodynamik aus dem Flugzeugbau in den bahnbrechenden Flügelautos, die sich am Boden festsaugten. Nicht alle seiner

Handgeschriebene Karte von Enzo Ferrari an meinen Vater aus dem Jahre 1957

▶ Enzo Ferrari im Gespräch mit seinem langjährigen Pressemann Sig. Dottore Franco Gozzi im alten Fahrerlager von Monza beim 1000-km-Rennen 1970

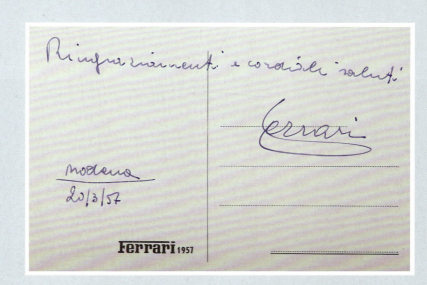

Colin Chapman (19.5.1928–16.12.1982) gilt als einer der genialsten Rennwagenbauer aller Zeiten. Er brachte mit dem »Wing-Car« die »verkehrte« Flugzeug-Aerodynamik in den Automobilrennsport. Was ein Flugzeug in die Luft bringt, kann den Rennwagen auf die Straße pressen.

Innovationen waren erfolgreich. So scheiterte das mit großen Vorschusslorbeeren angekündigte Turbinenauto kläglich.

Die Autos von Colin Chapman waren eine Gratwanderung. Der Brite reizte die Technik bis an die Grenze des Machbaren aus. So sagte er beispielsweise: »Ein Rennauto hat nur einen Zweck zu erfüllen: Es muss Rennen gewinnen. Wenn es das nicht kann, war es eine Verschwendung von Zeit, Geld und Arbeit« oder: »Ein gutes Rennauto ist so gebaut, dass es nach dem Zielstrich auseinanderbricht«. Graham Hill äußerte sich sarkastisch dazu: »Wenn dich das eigene Hinterrad überholt, dann weißt du, dass du in einem Lotus sitzt.« Und Jochen Rindt meinte über Chapman: »Das ist ein Mann, der mit sechs Leuten in einen Aufzug steigt, der nur für drei Personen zugelassen ist.«

1960 holte Stirling Moss im Fürstentum von Monaco mit dem leichten und kleinen Lotus 18 den ersten Sieg für den Rennstall von Colin Chapman. Insgesamt siegte das Team Lotus in 79 Rennen. Es gewann sieben Titel in der Konstrukteurs-Weltmeisterschaft und sechs in der Fahrer-Weltmeisterschaft.

Gesichter für die Ewigkeit

Gesichter prägen sich in unser Hirn ein und sind immer wieder abrufbar. Jo Siffert, Jochen Rindt, oder Gilles Villeneuve sind allzeit bei uns als Rennfahrer präsent. Ayrton Senna verstarb am 1. Mai 1994, also vor über 25 Jahren. Wir erinnern uns noch genau an sein Antlitz. Doch wie würde er heute mit 60 Jahren aussehen? Eine solche Folgerung ist für uns kein Thema. Ein Mensch, der jung aus dem Leben gerissen wurde, bleibt in seinem damaligen Alter in unserer Erinnerung haften. Dafür sorgen Bilder, die Momente für die Ewigkeit festhalten.

Der Australier Jack Brabham (2. April 1926–19. Mai 2014), ist bis heute und sehr wahrscheinlich für immer und ewig, der einzige Rennfahrer der mit einem selbst konstruierten Rennwagen Weltmeister (1966) wurde.

Es bestand immer eine Hassliebe zwischen Jochen Rindt und Colin Chapman. Der Deutsch-Österreicher meinte mal: »Entweder ich werde mit Lotus Weltmeister, oder ich sterbe«. Beides bewahrheitete sich im Jahr 1970, er wurde posthum Weltmeister.

Der Neuseeländer Bruce McLaren gründete mit McLaren ein Unternehmen, das bis heute seinen Bestand hat. Nur Ferrari ist noch etwas älter, aber auch McLaren baut heute nicht mehr nur Rennwagen. Bruce McLaren, verunglückte zu früh, um neben der CanAm Meisterschaft, auch die F1-Weltmeisterschaft im eigenen Auto zu gewinnen.

Im Bild fährt er 1966 mit seinem ersten eigenen Auto, dem M2B, durch die Straßen von Monte-Carlo.

Männer und Mythen: Gesichter für die Ewigkeit   245

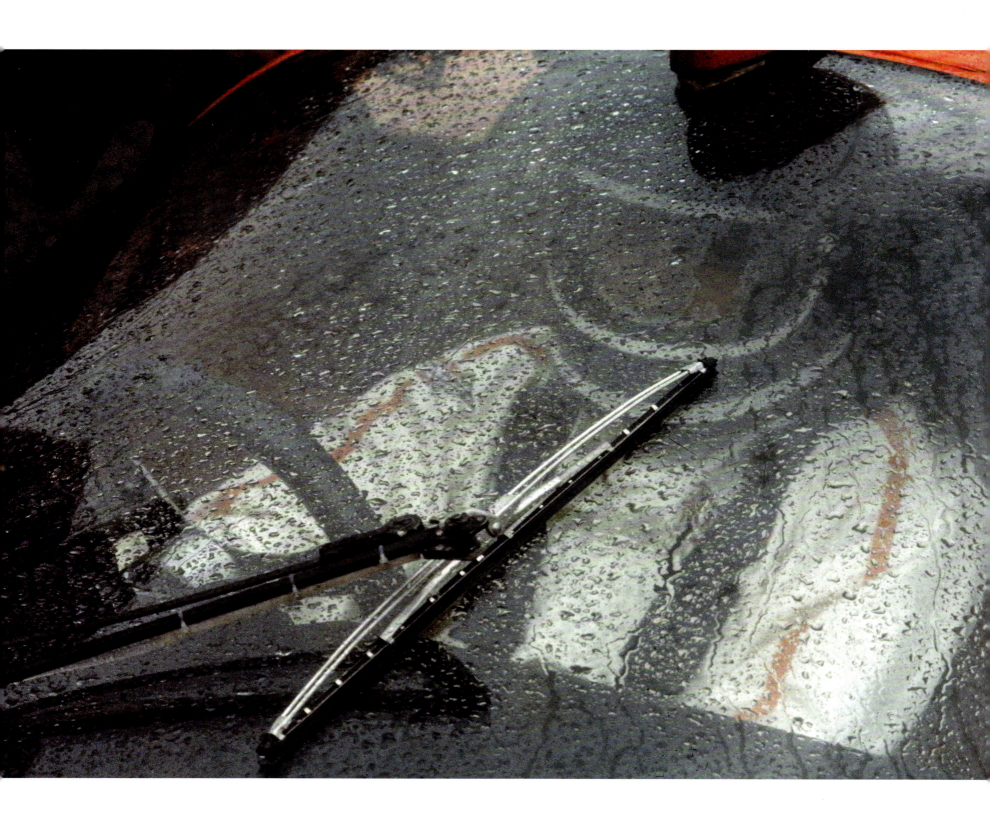

29 Wasserratten

Notbiwak und Regengötter

Viele Zuschauer sehnen sich in der Formel 1 Regenrennen herbei. Für die Piloten fühlt es sich dann im bis zu 1000 PS starken Auto wie ein Ritt auf Eiern an – bei dem natürlich keines zerquetscht werden darf. Ausfälle sind programmiert. Doch auch wir Fotografen kämpfen bei nassen Verhältnissen. Während die Journalisten im trockenen Media-Center Kaffee und Kuchen genießen, stehen wir bei strömendem Regen ungeschützt an der Rennstrecke und versuchen, die Fototechnik trocken zu halten. Bei einer Unterbrechung ist uns jeder Unterstand gut genug. In Interlagos verbrachte ich tatsächlich mal mehr als eine Stunde in einem stinkenden Dixi-Klo der Streckenposten und wartete geduldig auf die Wiederaufnahme des abgebrochenen Trainings. Wer nun glaubt, am Abend kehre für uns der Normalzustand ein, täuscht sich gewaltig. Im Hotelzimmer angekommen, geht das Chaos weiter. Die gesamte Ausrüstung und die Kleider müssen für den nächsten Tag getrocknet werden. Meist hilft dazu ein Haarföhn, der früher, als es im Zimmer nur ein Bett, die Bibel und einen Schrank gab, genauso ins Gepäck gehörte, wie die Zahnbürste. Nasszellen, mit Wannen, ohne Dusche, gab es früher nur auf der Etage, nicht aber im Schlafbereich. Man konnte sich glücklich schätzen, ein Lavabo in den eigenen vier Wänden zu haben. Als damals der Fotograf Carl Imber in Spa-Francorchamps seine unterkühlten und nassen Füße, natürlich einzeln, im warmen Wasser aufwärmen wollte, fiel das Lavabo auf den Boden. Zusätzlicher Stress bei der Abreise war programmiert.

Jean-Paul Belmondo

Als eines der spektakulärsten Regenrennen ging 1984 der GP von Monaco in die Geschichte ein. Zuerst verschob die Rennleitung den Start wegen des schlechten Wetters um 45 Minuten, gab dann aber doch das Rennen unter strömendem Regen frei. In der 31. Runde brach Rennleiter Jacky Ickx den GP auf Druck des führenden Alain Prost im

Es ist nicht ganz einfach die »Wasserratten« auch bildlich darzustellen, aber der Belgier Jacky Ickx im Ferrari 512S hinter nasser Scheibe mit Wischer eignet sich doch perfekt dafür.

Regentropfen kreierten eine Art Scherenschnitt eines F1-Rennwagens.

Schwere, dunkle Gewitterwolken mit Donner und Blitz kündigen 2015 den täglichen Tropenregen in Malaysia an. Es ist höchste Zeit, um die Kameras und sich selbst vor den kommenden Wassermassen zu schützen.

McLaren-TAG-Porsche ab. Doch die eigentlichen Helden waren Ayrton Senna im Toleman-Hart und Stefan Bellof im Tyrrell-Ford. Wäre das Rennen über die volle Distanz gegangen, hätte einer der beiden gewonnen.

Ich stand zu Beginn in der Mirabeau-Kurve und war bereits vor dem Start völlig durchnässt. Zur Rennhälfte wurde es zusehends schwieriger, die Filme zu wechseln. Die Nässe durchdrang alles. In tief gebeugter Schutzhaltung versuchte ich jeweils die Kamera zu öffnen, damit sie sich nicht mit Wasser füllte. Da stoppte wie durch ein Wunder der Regen. Als der neue Film drin und der Deckel geschlossen war, richtete ich mich auf und realisierte, dass das schlechte Wetter immer noch da war. Dafür stand ein Mann in durchnässtem weißen Anzug und Halbschuhen der feinsten Art neben mir und hielt seinen Schirm über meinen Kopf. Ich bedankte mich höflich und merkte, dass es einer der ganz großen Promis war, die mir geholfen hatten: Der Schauspieler Jean-Paul Belmondo.

In Unterhose nach Sidney

Das Regenrennen von Australien 1991 in Adelaide ging mit 14 Runden, 53 Kilometern, oder 25 Minuten Renndauer als kürzestes F1-Rennen in die Geschichte ein. In der 5. Runde kollidierten die beiden Benetton von Nelson Piquet und Michael Schumacher, in der 13. knallte Mauricio Gugelmin mit seinem Leyton-House in die Boxenmauer und verletzte zwei Streckenposten. Als dann auch noch Mansell (Williams) und Berger (McLaren) von der Strecke rutschten, wurde es abgebrochen. Genau zu diesem Zeitpunkt versuchte ich unter einer Fußgängerüberführung die beiden Nikon-FM2-Kameras, die ihren Geist aufgegeben hatten, wieder in Gang zu bringen. Da verstummte auf einmal das Motorengebrüll. Von einem Streckenposten erfuhr ich vom Rennabbruch. Darüber war ich nicht unglücklich und wollte so schnell wie möglich zum Flughafen. Mein Gepäck für den Rückflug am Abend nach Sydney hatte ich bereits früh morgens eingecheckt. Durch den unplanmäßigen Rennabbruch strömten sämtliche Fans mit mir von der Strecke. Ein Taxi zu bekommen, war unmöglich. So suchte ich irgendeine Mitfahrgelegenheit. Am Ende brachte mich ein Pick-up auf seiner offenen Ladefläche gerade noch rechtzeitig zum Flughafen. Nun stand ich bis auf die Unterhose durchnässt am Check-in. Umziehen war nicht möglich, da der Koffer mit den trockenen Kleidern bereits im Rumpf des Jets lag. Doch Not macht erfinderisch. Im klimatisierten Flugzeug entledigte ich mich meiner Kleider bis auf die Unterhose und wickelte mich in drei Wolldecken ein, um nicht auch noch eine Unterkühlung einzufangen. Doch in Sydney gelandet, musste ich wieder in die nassen und von der Klimaanlage ausgekühlten Kleider steigen und konnte mich erst in der Toilette nach der Gepäckausgabe umziehen. Die nassen Kleider wurden noch am Flughafen entsorgt.

Notbiwak in Donington

In England erlebte ich gleich drei Mal eine Regenschlacht: 1993, 2000 und 2012. An allen drei Wochenenden schüttete es fast ohne Unterbrechung. Alles war nass. Der Fotografenraum sah schrecklich aus und erinnerte mich an ein nepalesisches Notbiwak am Mount Everest. Im Hotelzimmer drehten wir in der Nacht die Öfen auf die Maximalstufe hoch, um die komplett nassen, im ganzen Zimmer ausgelegten Kleider etwas zu trocknen. Der Wetterbericht zeigte aber keine Besserung und wir mussten uns von Tag zu Tag durchkämpfen. Motivation, Energie und Temperatur fielen Richtung Nullpunkt.

Ein Spruch von mir lautet: «Je beschissener das Wetter, desto besser die Bilder.» Das mag bei einem Gewitter von absehbarer Dauer berechtigt sein, aber bei drei Tagen im Dauerregen und

> Doch die eigentlichen Helden waren Ayrton Senna im Toleman-Hart und Stefan Bellof im Tyrrell-Ford. Wäre das Rennen über die volle Distanz gegangen, hätte einer der beiden gewonnen.

Will es mal nicht natürlich regnen, dann wird künstlich gewässert. Für Tests von Regenreifen wird schon mal eine Rennstrecke geflutet. Niki Lauda auf der nassen, hauseigenen Piste von Ferrari in Fiorano 1973.

Wasserratten

Im strömenden Regen von Spanien schwimmt Michael Schumacher auf beeindruckende Art und Weise dem ersten Sieg für Ferrari entgegen.

Der Finne Mika Hakkinen im Mclaren-Mercedes lässt beim GP Argentinien in Buenos-Aires 1995 das Wasser spritzen.

Der Finne, Heikki Kovalainen im Caterham CT01 suhlt sich 2012 in der Wiese von Melbourne.

Wasserratten

Ayrton Senna, einer der »Regengötter« in seinem Element

GP Brasilien 1993: Ein heftiger Gewitterregen überflutete innerhalb Sekunden die Rennstrecke. Die Autos crashten beim Geradeausfahren. Im Bild pflügt Karl Wendlinger zwischen den gestrandeten Fahrzeugen der beiden Japaner Ukyo Katayama und Aguri Suzuki vorbei.

Wasserratten 257

> Schumachers Sieg war historisch. Zuvor war es erst Graf Berghe von Trips gelungen, als Deutscher in einem Ferrari zu gewinnen. Die Freude bei den Tifosi war grenzenlos.

Schlamm kommen solche Aussagen bei den Kollegen nicht gut an. Am Streckenrand kam noch eisiger Wind dazu, der den Nieselregen andauernd an unsere Fotolinsen blies. Um einigermaßen klare Bilder zu erhalten, mussten diese andauernd gereinigt werden. Doch mit was, wenn alle Kleider durchnässt sind und nichts Trockenes mehr zur Verfügung steht?

Immerhin: 1993 in Donigton, bei der ersten, dieser drei Regenschlachten, wurden wir mit einem Highlight beglückt. Ayrton Senna legte am Start mit seinem unterlegenen McLaren-Ford wie die Feuerwehr los. Seine Startrunde ging in die Geschichte ein. Er überholte unter schwierigsten Bedingungen Schumacher, Wendlinger, Hill und Prost und kam in Führung liegend aus der ersten Runde zurück. Am Ende gewann er das Rennen überlegen.

Bei der dritten englischen Regenschlacht 2012 in Silverstone fotografierte ich bereits digital. Die damaligen Digitalkameras waren zwar extrem empfindlich gegenüber Nässe, hatten aber einen großen Vorteil. Im Gegensatz zu den Filmrollen standen nun mit einer einzigen Speicherkarte so viele Aufnahmen zur Verfügung, dass keine Filme mehr gewechselt werden mussten.

Dunkle Nacht am 6. November 1994 in Japan, zum GP-Start in Suzuka. Noch in der analogen Zeit kamen wir Fotografen hier so richtig an die Grenzen unseres Materials. Belichtungszeiten von 1/125 Sekunde bei offener Blende und bereits auf 200 ASA gepushten Filmen waren das Höchste der Gefühle.

Schumachers erster Ferrari-Sieg

Beim GP von Spanien in Barcelona 1996 ging der Schumacher-Stern bei Ferrari so richtig auf. Zum ersten Mal lag der Deutsche in einem Ferrari in Führung und bewies auf nasser Fahrbahn seine Extraklasse. Schumi machte keinen Fehler und gewann das Rennen souverän mit 45 Sekunden Vorsprung. Mit der schnellsten Rennrunde distanzierte er den Zweitschnellsten um nicht weniger als 2,2 Sekunden. Schumachers Sieg war historisch. Zuvor war es erst Graf Berghe von Trips gelungen, als Deutscher in einem Ferrari zu gewinnen. Die Freude bei den Tifosi war grenzenlos. Für mich war es das Wichtigste, ein Bild von der Siegerehrung zu haben. Doch dann, im entscheidenden Moment, begann die von Nässe getränkte Kamera zu spuken. Sie belichtete beim ersten Schuss gleich den kompletten Film durch und spulte ihn auch noch zurück. Ich brauchte zwei Bilder: Eines vom hochgestemmten Pokal und eines vom spritzenden Champagner. Spontan kam mir nur eine Möglichkeit in den Sinn: Gehäusedeckel auf, Film rein, warten bis Michael den Pokal hochstemmt, dann den Deckel zudrücken und draufhalten. Das gleiche Spiel wiederholte ich bei der Champagnerdusche. Es funktionierte und ich hatte meine Bilder.

Die beiden wohl besten Wasserratten waren Ayrton Senna und Michael Schumacher. Wurde es nass, waren sie noch schneller und blieben absolut fehlerlos.
Ihre Fahrzeugbeherrschung war immer eine Augenweide. Wie stellt man die beiden Fahrer bildlich als Regengötter dar? Das Bild von Michael Schumacher entstand noch zu seiner Mercedes-Zeit (1991), so rein zufällig bei einem Fitnesstraining in Österreich, und Ayrton Senna lichtete ich nach einem Gewitterregen beim GP Frankreich in Magny-Cours (1992) durch die nasse Zeltplane des McLaren-Motorhomes ab.

30 Das Herz der Rennwagen

Formel-1-Motoren fotografieren – heute streng verboten

Motoren sind das Herz der Rennwagen. Zu Beginn des Rennsports waren sie versteckt unter der Fronthaube, dann offen als tragendes Element in der Mitte des Autos und heute sind sie wieder komplett versteckt. Viele Technik-Freaks haben in den letzten Jahren dem Motorsport die kalte Schulter gezeigt, weil die Teams das Innenleben ihrer Autos zum großen Geheimnis erklärten und nicht einmal mehr eine Schraube herzeigen wollen.

Der Erfolgreichste

Der erfolgreichste Motor der F1-Geschichte ist der 3 Liter Ford-Cosworth DFV 8. 1967 war er in Zandvoort im Lotus 49 von Jim Clark und Graham Hill erstmals im Einsatz. Clark holte gleich den Premierensieg. Bis 1983 war das Triebwerk mitverantwortlich für 155 gewonnene Rennen, 12 Fahrer- und 10 Konstrukteurs-Titel. Mein Vater erlebte die Feuertaufe in Holland mit der Hasselblad. 17 Jahre später fotografierte ich mit der Pentax 6x7 die letzte Weiterentwicklung des Motors zum DFY mit Michele Alboreto im Tyrrell.

Der erfolgreichste F1-Motor, der Ford Cosworth DFV feierte sein Debüt im Lotus 49 von Jim Clark und Graham Hill beim GP Holland 1967. Hill stellte das Auto auf die Pole-Position und Clark gewann das Rennen.

Der Churer Mario Illien, gilt mit Abstand als erfolgreichster Motorenbauer im Rennsport. Im Bild mit Töchterchen Noel, die ihn tatkräftig bei seinen Konstruktionen unterstützt

Angestellten vor Ort war das natürlich peinlich. Als sich die Aufregung gelegt hatte, wurden die Sicherungen gewechselt. Um einen zweiten Kurzschluss zu verhindern, verpflichtete man mich, den Strom über mehrere Kabelrollen aus einem weit entfernten Nebengebäude zu beziehen.

Der Verrückteste

Mein Vater und ich erlebten viele Motoren. Nicht alle waren auch erfolgreich. Einige schafften es gar nie auf die Rennstrecke. Das verrückteste Kapitel schrieb Guy Nègre. Der französische Motorentüftler wollte 1990 die Formel 1 mit einem völlig neuen Konzept revolutionieren. Er baute einen 12-Zylinder, bei dem je 4 Zylinder in einem W angeordnet waren. Das Spezielle daran: Der Motor sollte ohne Ventile auskommen. Für den Gasaustausch waren Walzenschieber vorgesehen. 1989 besuchten wir Nègre für »Sport-Auto« in einem kleinen Dorf in der Provence. Als er mit seinem 12-köpfigen Team den W12 auf dem Prüfstand zündete, kam es uns vor, als seien wir in einem Film von Louis de Funès. Alles glich einer gigantischen Bastelei und die Kühlwasserversorgung erinnerte an Daniel Düsentrieb. Das Wasser kam über einen Gartenschlauch vom Lavabo aus der nahe des Prüfstandes gelegenen Toilette. Bereits nach kurzer Zeit und geringer Drehzahl begann der Motor zu kreischen und dampfen und machte den Eindruck, als würde er sogleich auseinanderfliegen. Bevor es so weit kam, drehte Nègre den Strom ab.

Übrigens: Der Motor schaffte es nie in einen Rennwagen und die angekündigte Revolution blieb aus.

Lichterlöschen

Speziell war mein Einsatz als Fotograf im Jahr 1988 bei »Alfa Corse« in Mailand. Ich wollte den technischen Leiter Giuseppe Tonti mit dem V10-Zylinder, der für den Alfa Romeo 164 Silhouette ProCar vorgesehen war, im Prüfstand ablichten. Als ich mit meinen Studio-Blitzgeräten etwas Licht ins Dunkel bringen wollte, geschah das Unfassbare. Nachdem ich den ersten Testblitz gezündet hatte, gab es einen lauten Knall und es wurde komplett dunkel. Nicht nur der Prüfstand, nein, die gesamte Firma stand ohne Strom da. Für die

Lebensgefahr

Anders als bei Guy Nègre prüfen die Werke die Motoren professionell auf Herz und Nieren. Dabei werden die Aggregate unter größten Sicherheitsvorkehrungen auf Höchstdrehzahl getrimmt, bis sämtliche Auspuffkrümmer hellrot aufglühen. Dieses optisch eindrückliche Spektakel ist nicht einfach fotografisch festzuhalten. Es ist nämlich strikt verboten, sich bei einem Test im Prüfstand aufzuhalten. Explodiert ein Triebwerk, schlagen die herumfliegenden Teile faustgroße Löcher in die Betonwände. Man darf nicht daran denken,

Lichterlöschen bei Autodelta. Ein einziger Probeblitz im Motorenprüfstand reichte, um die komplette Firma lahmzulegen.

Das Herz der Rennwagen

Die Motoren werden auf den Prüfständen auf Herz und Nieren getestet und zum Glühen gebracht. Dank Digitaltechnik können die Aufnahmen sofort kontrolliert werden

was in einer solchen Situation mit einem Fotografen passieren würde. Zudem erzeugt die hohe Drehzahl des Motors derart große Vibrationen, dass sich jede Kamera, auch auf schwerem Dreibein-Stativ, zu bewegen beginnt.

Als ich 1988 bei Mercedes den C9 Sauber Gruppe C Motor auf dem Prüfstand fotografieren sollte, hatte ich von all dem nicht die geringste Ahnung. Völlig perplex stand ich da, als mir gesagt wurde, dass ich nicht im Prüfstand fotografieren dürfe. Ohne Fernauslöser war also kein Bild zu machen. Oder doch? Es gab eine Möglichkeit: Die Ingenieure drehten den Motor hoch, brachten Turbolader und Krümmer zum Glühen und würgten dann den Motor ab. Genau in diesem Moment öffnete ich die Tür, rannte in den Raum und schoss zwei, drei Bilder, bevor alles wieder abgekühlt war.

Natürlich waren das keine optimalen Bedingungen. Aber ich sah darin die einzige Möglichkeit, Fotos zu machen. Später bei BMW Sauber, ausgerüstet mit Fernauslöser und Digitalkamera, war alles einfacher. Waren in der analogen Fotografie die Lichtverhältnisse vom Studioblitz und dem Glühen noch sehr schwer abschätzbar gewesen, konnten nun bei der Digitalkamera die Bilder sofort gesichtet und gegebenenfalls die Einstellungen verändert werden.

Der Letzte

Lange hielt Ferrari an den Zwölfzylinder-Motoren fest. Auch als längst allen klar war, dass zehn Zylinder erfolgreicher sind. Im Jahr 1995 in Adelaide war es dann so weit. Ferrari setzte im 412T2 von Gerhard Berger und Jean Alesi zum letzten Mal einen 12-Zylinder-Motor ein. Für die österreichische Auto Revue begleitete ich Bergers letzte 12-Zylinder-Fahrt. Was eigentlich streng verboten war, machte der italienische Traditionsrennstall für einmal möglich. Ich durfte offiziell in der Box von Ferrari fotografieren, wie der allerletzte Motor vor dem Rennen ins Auto montiert wurde. Kurze Zeit später war die 12-Zylinder-Ära Geschichte.

Gerhard Berger erinnert sich heute noch gut an den Abschied von den damaligen Aggregaten. »So einen Sound wirst du nie wieder hören«, habe er zu sich während des Rennens gesagt. Heute steht einer dieser V12-Motoren in seinem Büro in Wörgl.

Übrigens: Aktuell ist es undenkbar, einen Motorwechsel zu fotografieren. Auch später als Sauber-Ferrari-Hoffotograf wurde mir aus Maranello verboten, Aufnahmen bei abgenommener Haube mit Sicht auf den Motor zu machen.

> Was eigentlich streng verboten war, machte der italienische Traditionsrennstall für einmal möglich. Ich durfte offiziell in der Box von Ferrari fotografieren ...

Das Herz der Rennwagen

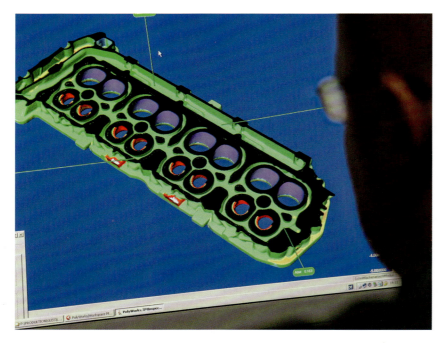

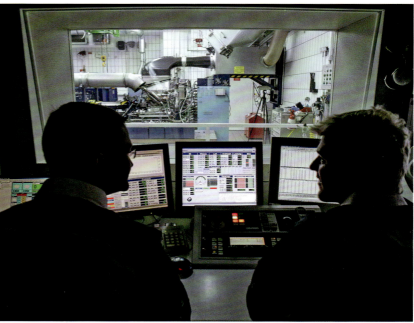

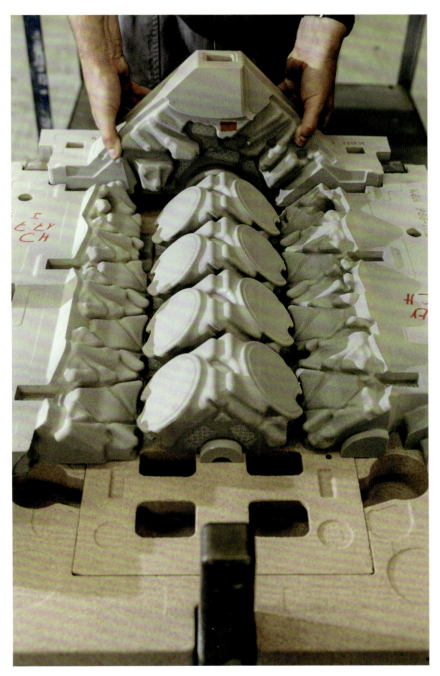

Ein paar ganz tiefe Blicke in die Verborgenheit. 2007 in der Motoren-Giesserei von BMW in Landshut, wo neben Serienmotoren auch die F1 Triebwerke entstanden.

Das Herz der Rennwagen

◀ Die Pratt & Whitney Turbine des Lotus 56B. Das viel zu schwere Auto mit extrem schlechtem Ansprechverhalten (und noch mit Allradantrieb ausgestattet) startete nur zu drei Rennen. Dave Walker war damit in Holland, Reine Wisell in England und Emerson Fittipaldi in Monza unterwegs. Einzig in Italien sah das Auto die Zielflagge.

Als die F1-Autos noch so richtig laut waren, beeindruckten sie einen jeden. So wurde bei der Weihnachtsfeier von BMW in Seefeld mal ganz ohne DJ, so richtig Musik gemacht.

Das Herz der Rennwagen

31 Suzuka zum Ersten und zum Zweiten

Als man mit einem Crash noch Weltmeister werden konnte

Der erste Gegner ist immer der eigene Teamkollege, daher kommen sich die beiden nicht selten in die Quere. Beim GP von Spanien 1975 auf dem Montjuïc standen beide Ferraris in der ersten Reihe. Niki Lauda behauptete am Start seine Pole-Position vor Clay Regazzoni. Mario Andretti kam vor der Haarnadel mit Vittorio Brambilla ins Gehege und touchierte im Getümmel Laudas Ferrari, der dann ausgerechnet zusammen mit seinem Teamkollegen in die Leitplanke flog. Am Ende holte sich der Österreicher trotz dieses Nullers die Weltmeisterschaft.

Crash hilft Prost

Der große Hahnenkampf zwischen den beiden McLaren-Fahrern Ayrton Senna und Alain Prost erlebte einen ersten Höhepunkt am 22. Oktober 1989 beim Grand Prix von Japan. Nach dem Start übernahm Prost die Führung und baute sie nach dem Boxenstopp bis auf 4,6 Sekunden aus. Der Franzose wollte unbedingt vor Senna ins Ziel fahren, um den Titelkampf nicht nach Adelaide zu vertagen. Doch dann machte Senna Boden gut und schloss zu seinem Teamkollegen auf. Beim Anbremsen der engen Schikane nahe der Boxeneinfahrt ließ der Führende für einen Moment die Innenspur offen. Sogleich wagte der Brasilianer einen Überholversuch. Aber Prost gab im engen Zweikampf nicht nach und machte die Tür zu. Die beiden McLaren verhakten sich und kamen im Notausgang der Schikane zum Stillstand. Prost entstieg dem Auto und gab das Rennen auf. Doch Senna gestikulierte wie wild zu den Streckenposten und ließ sich von ihnen anschieben. Daraufhin fuhr er die Runden seines Lebens und gewann tatsächlich noch das Rennen. Später wurde er jedoch wegen Abkürzens der Schikane vom FIA Präsidenten, dem Franzosen Jean-Marie Balestre, und den Sportkommissaren disqualifiziert. Prost wurde somit Weltmeister.

◀ Teamkollegen unter sich. Lauda wird vor der ersten Kurve beim GP von Spanien von Andretti in den Teamkollegen Regazzoni geschoben. Beide verabschieden sich in die Leitplanken.

FIA-Präsident Jean-Marie Balestre unterließ nichts, um in Suzuka 1989 seinen Landsmann Alain Prost zum Weltmeister zu machen.

Zwei WM-Entscheidungen zwischen Senna und Prost fanden in Japan statt. Als Teamkollegen bei McLaren holte der Franzose mit Hilfe der FIA den Titel. Ein Jahr später kommt es wiederum zum Crash zwischen den beiden – diesmal aber auf Ansage des Brasilianers, der trotz Pole-Position auf der schlechteren Linie losfahren musste: »Wenn der Prost vor mir in die erste Kurve fährt, schiess ich ihn ab.« Gesagt, getan!

Ich stand damals auf dem Fotopodest der Schikane und realisierte, dass Senna dem führenden Teamkollegen immer näher kam. Dass es um den Titelkampf ging, war mir auch bewusst. Dazu kam, dass das Anbremsen der Schikane die beste Überholmöglichkeit von Suzuka ist. So entschied ich mich, vor Ort zu bleiben und notfalls lieber die Siegerehrung als diesen alles entscheidenden Zweikampf zu verpassen. Und siehe da: Nur kurze Zeit später kam es zum Crash. Zwar war das erste Bild mit dem leicht angehobenen Senna neben Prost unscharf. Doch dann stand ich absolut perfekt für alle weiteren Aktionen. Damit hatte ich die WM-Entscheidung im Kasten.

Crash hilft Senna

Ein Jahr später war die Ausgangslage dieselbe, jedoch mit umgekehrten Vorzeichen: Senna lag in der WM vor Prost, der inzwischen zu Ferrari gewechselt war. Vor dem Rennen warnte Senna, dass er Prost ins Auto fahren würde, falls dieser als Führender in die erste Kurve einbiegen sollte. Keiner wollte der Ansage Glauben schenken. Trotzdem standen wir beim Start in der ersten Kurve. Und tatsächlich krachte es direkt vor unseren Augen. Die Kenntnis des angesagten Crashs machte mir die Wahl der Brennweite nicht leicht. Lang und enger Bildausschnitt oder kurz mit Übersicht? Ich entschied mich für die lange Variante und und hatte dadurch nur die Hälfte des direkt vor mir passierten Unfalls auf dem Bild. Später fotografierte ich, wie Senna und Prost unabhängig voneinander auf dem Weg zurück zur Box die Leitplanke überstiegen. Unser langjähriger Layouter bei »Sport-Auto«, der »Bretti«, setzte die beiden Bilder mit Hilfe der Trennung des Bundes in der Heftmitte so clever auf eine Doppelseite zusammen, dass jeder glaubte, die beiden hätten eng nebeneinander und gleichzeitig die Leitplanke überstiegen. Übrigens: Diesmal sicherte sich Senna den WM-Titel.

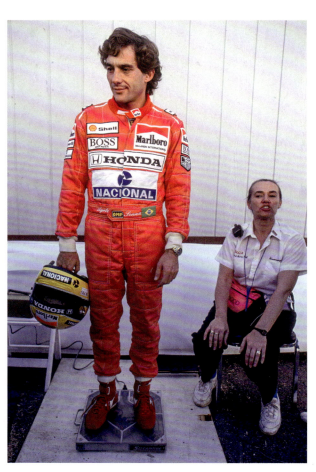

Wer ist stärker? Die beiden Kampfhähne (links Prost, rechts Senna) auf der Waage.

32 Der letzte Scheck

Das Risiko fährt mit

Der Motorsport ist, oder besser war, extrem gefährlich! Helmut Zwickl beschrieb die Zeit der 1950er- bis 1980er-Jahre passend: «Damals, als Sex noch sicher, aber die F1 gefährlich war …». Jo Siffert sagte: »Jeder Mensch erhält bei seiner Geburt ein Scheckheft. Jedes Mal, wenn er wieder richtig Glück im Leben hatte, verliert er einen Scheck. Leider weiß keiner, wie viele Schecks sein Heft beinhaltet.« Und Jochen Rindt meinte: »Jeder Tag bringt uns dem Ende näher, nur weiß keiner, wie viele noch kommen werden!«

Der Tod hat uns über all die Jahre begleitet. Wir haben einige der gravierendsten Unfälle in unmittelbarer Nähe miterlebt und mussten mitansehen, wie große Epochen zu Ende gingen. In Erinnerung bleiben die tödlichen Ereignisse von Graf Berghe von Trips am 10. September 1961 in Monza, Lorenzo Bandini am 7. Mai 1967 in Monaco, Jim Clark am 7. April 1968 in Hockenheim, Piers Courage am 21. Juni 1970 und Roger Williamson am 29. Juli 1973 in Zandvoort, Jochen Rindt am 5. September 1970 und Ronnie Peterson am 11. September 1978 in Monza, Markus Höttinger am 13. April 1980 in Hockenheim, Gilles Villeneuve am 8. Mai 1982 in Zolder sowie Roland Ratzenberger und Ayrton Senna am schwarzen Rennwochenende vom 30. April und 1. Mai 1994 in Imola. Trips wäre wohl der erste deutsche Weltmeister geworden, Jim Clark hätte zum erfolgreichsten Rennfahrer werden können, Rindt erlebte nicht mal seinen eigenen WM-Titel, und wer weiß, wie die weiteren Duelle zwischen Michael Schumacher und Ayrton Senna ausgegangen wären? Jeder Unfall schrieb seine eigene Geschichte. Auch für uns Fotografen.

Jim Clark, Hockenheim, 1968

Die Bilder von Jim Clarks Unfallstelle sind äußerst rare Zeitdokumente. Nur zwei Fotografen kamen kurz nach dem Crash an den Ort des Geschehens, Werner Eisele und mein Vater. Eiseles Pech war, dass er als Erster am Unfallort eintraf. Die Fotos, die er machte, wurden kurz danach von Huschke von Hanstein zur Unfalluntersuchung beschlagnahmt. Damit ging Eisele ziemlich leer aus. Der Film kam, auch trotz großem Versprechen, nie zu ihm zurück. Da hatte mein Vater mehr Glück. Er konnte die Aufnahmen vom dreigeteilten Lotus nach Hause bringen. Dank der Hasselblad mit ihren Wechselmagazinen war es ihm sogar möglich, neben den Schwarz-Weiß-Aufnahmen auch noch ein paar Farb-Dias zu machen. Die Bilder gingen um die Welt und waren auch 2018, 50 Jahre später, wieder sehr gefragt.

Mein Dad fokussierte an diesem Wochenende ganz stark auf den Schotten und begann das Rennen im Motodrom zu fotografieren, doch als er kurz nach dem Start von einem schweren Unfall hörte und dabei Jim Clark im Feld vermisste, ließ er das Renngeschehen links liegen und kämpfte sich durch den Wald in Richtung Ostkurve, wo sich rund zwei Kilometer weiter die Unfallstelle

Ein weiter Weg für meinen Vater vom Motodrom in Richtung Ostkurve, um ein paar traurige Dokumente des komplett zerstörten Lotus F2 des damit tödlich verunglückten Schotten Jim Clark in Hockenheim 1968 zu machen.

Im Feuerball am Ende der sich verengenden Start-Ziel-Geraden von Monza trifft es den Schweden Ronnie Peterson am heftigsten. Einen Tag später stirbt er im Spital, jedoch nicht an den Unfallverletzungen, sondern an einer Lungenembolie.

▶+▲ Der Maurer F2 von Markus Höttinger ist kaum beschädigt, einzig der Überrollbügel ist abgeknickt. Todesursache war das Rad von Derek Warwick, das ihn am Kopf getroffen hatte.

▶ Tödlicher Unfall von Axel Perrenoud, der 1967 mit seiner Cobra beim Bergrennen Ollon-Villars, weit neben der Strecke in einer Scheune landete.

befand. Das Rennen lief unterdessen weiter und der Franzose Jean Pierre Beltoise (Matra) gewann den ersten Lauf. Henri Pescarolo: »Wir fuhren Runde für Runde an der Unfallstelle vorbei, wussten aber nicht, was passiert war, schon gar nicht, dass es sich hier um Clark handelte.« Dieser galt damals als schnellster Fahrer im Feld. Jackie Stewart brachte es nach dem tödlichen Unfall auf den Punkt: »Wenn es den Besten von uns erwischt, wer ist dann noch sicher?«

Ronnie Peterson, Monza, 1978:

Der Unfall ereignete sich nur wenige Meter nach dem Start auf der sich verengenden Geraden. Riccardo Patrese (Arrows Ford) drückte nach links und touchierte James Hunt. Dadurch berührte dessen McLaren-Ford das Hinterrad des neben ihm fahrenden Schweden. Es kam zu einer Massenkollision, die den unschuldigen Ronnie Peterson am heftigsten traf. Den Unfall selbst überlebte dieser bei Bewusstsein, jedoch mit schweren Beinverletzungen. Am folgenden Tag verstarb er im Spital während der Notoperation an einer Lungenembolie.

Viele der Fotografen, mein Vater inklusive, standen beim Rennstart hinter der Leitplanke der ersten Schikane und hatten den Bremspunkt im Fokus. Plötzlich breitete sich im Hintergrund ein riesiger Feuerball aus. Nun ging es darum, Nerven zu bewahren und zuerst das Startbild mit den paar übriggebliebenen Autos abzulichten. Als diese die Schikane passiert hatten, rannten die Fotografen Richtung Unfallstelle. Im ganzen Tumult wurde meinem Vater eine Kamera mit Teleobjektiv aus der umgehängten Fototasche entwendet. Berufs-Kollege Carl Imber hatte eine Kamera hoch am Zaun montiert, die mit einem langen Auslösekabel aus der Ferne auf ihre Freigabe wartete. Doch geschockt vom Unfall vergaß Kaspar Arnet, der zum Auslösen bestimmte Mann, die Kamera zu bedienen. So blieb der Film leider leer.

Markus Höttinger, Hockenheimring, 1980

Ich fotografierte den Start des Formel-2-Rennens von der Zuschauertribüne. In der dritten Runde berührten sich der Italiener Andrea de Cesaris und der Engländer Derek Warwick. Beide flogen aus der ersten Kurve. Beim Toleman von Warwick löste sich infolge des Unfalls das rechte Hinterrad. Dieses flog rund 15 Meter in die Luft und fiel dann dem ahnungslos vorbeifahrenden Markus Höttinger im Maurer auf den Kopf. Der Österreicher wurde auf der Stelle getötet. Sein Auto kam nur wenige hundert Meter nach der Kurve am rechten Streckenrand zum Stillstand. Ohne zu wissen, was wirklich passiert war, begab ich mich auf den Weg Richtung Höttingers Auto. Als das Rennen gestoppt wurde und der Krankenwagen angebraust kam, rannte ich zur Unfallstelle. Ich bekam mit, wie man den jungen Fahrer reanimierte. Später wurde er mit dem Hubschrauber weggeflogen. Unwissend fotografierte ich auch den halb abgeschlagenen Überrollbügel.
Erst Stunden später erfuhr ich den wahren Unfallhergang.

Gilles Villeneuve, Zolder, 1982

Zolder war damals mein erstes Rennen der Saison, da ich für die vorangegangenen Überseerennen noch keine Kunden hatte. Im Jahr zuvor hatte sich Gilles Villeneuve in Monza bei mir beschwert, dass ich immer nur Jody Scheckter Schokolade brächte, er sie aber auch lieben würde. So überraschte ich Villeneuve in Zolder mit bester Schweizer Schokolade. Darüber freute sich dieser so sehr, dass er mich spontan zum Mittagessen einlud. Das Catering war damals noch sehr bescheiden.

1982 musste der Kanadier Gilles Villeneuve in Zolder seinen letzten Check abgeben.

▶ Für Ayrton Senna kam am 1. Mai 1994 in Imola jede Hilfe zu spät

Das Motorhome von Ferrari bestand aus einem umgebauten Reisebus mit einem Tisch für etwa fünf Personen. Da saß ich am Samstagmittag kurz vor Beginn des Qualifyings gemeinsam mit Gilles Villeneuve und genoss einen Teller Pasta aus Ferraris Küche.

Ich spürte sofort, dass die Chemie zwischen uns stimmte und eine Freundschaft entstehen könnte. Dann ging Gilles Villeneuve zu seinem Auto und ich zu meiner Foto-Location, dem Hügel direkt nach der Schikane. Das Training lief und ich fotografierte die F1-Boliden auf ihren Runden. Beim zweiten und letzten Versuch, die Pole doch noch an sich zu reißen, lief Villeneuve auf den langsam fahrenden RAM-March von Jochen Mass auf. Ein Missverständnis zwischen den beiden führte zur Kollision. Ich hörte ein dumpfes, seltsames Krachen hinter mir, drehte mich um, konnte aber infolge der Linkskurve nichts sehen. Rallye-Racing-Journalist Achim Schlang stand neben mir und meinte nur, dass die beiden wohl zusammengestoßen seien.

Wir rannten los und sahen bereits von weitem den übel zugerichteten Ferrari des Kanadiers. Nach der Berührung mit dem March war das Auto aufgestiegen und hatte sich mehrmals überschlagen. Dabei wurde Villeneuve mitsamt dem Sitz aus dem Wagen katapultiert, über die Piste geschleudert und von einem Pfosten des Fangzauns erschlagen. Nicht nur meine Trauer über den Tod des Kanadiers war riesig, auch die gesamte Formel-1-Fangemeinschaft verlor mit dem beliebten und draufgängerischen Ferrari-Star ein Idol.

Ayrton Senna und Roland Ratzenberger, Imola 1994

Das absolute Horror-Wochenende meiner über 550 GP starken Karriere war das F1-Rennen von San Marino in Imola am 1. Mai 1994. Helmut Zwickl brachte es auf den Punkt: «Der Tag an dem die Sonne vom Himmel fiel!» Zuerst verunglückte im freien Training Rubens Barrichello im Jordan und brach sich den Arm. Dann flog im Qualifying der Österreicher Roland Ratzenberger mit dem Simtec von der Strecke und starb auf der Stelle. Am Renntag fuhr Pedro Lamy beim Start mit hoher Geschwindigkeit auf den vor ihm stehengebliebenen JJ Lehto auf, was zu einer Safety-Car Phase führte. Nach dem Neustart raste Ayrton Senna in Führung liegend mit dem Williams in der Tamburello-Kurve geradeaus in die Mauer. Ursache war vermutlich eine gebrochene Lenksäule. Beim Aufprall rammt sich ein Stück der Aufhängung des abgerissenen Rades durch den Helm in seinen Kopf und fügte ihm die tödlichen Verletzungen zu.

Zur gleichen Zeit stand ich in der Tosa-Kurve, knapp einen Kilometer weg vom Ort des Geschehens. Über den Streckenlautsprecher kam die Meldung von Sennas Unfall in der Tamburello. Im Wissen, dass diese Kurve voll gefahren wird, war mir klar, dass der Unfall schwerwiegende Folgen haben kann. Doch die Wege in Imola sind für die Fotografen weit. Zudem ist es dort auch nicht möglich, der Strecke entlang zu folgen. Um flexibel zu sein, hatte ich in Imola immer ein Klapprad dabei. So radelte ich sofort los. Als einer der ersten vor Ort stand ich direkt am Zaun gegenüber des zerschlagenen Williams. Senna saß noch im Auto. Doch bevor ich bereit zum Fotografieren war, packten mich zwei Polizisten und trugen mich samt Equipment weg. Da ich die Berechtigung zum Fotografieren hatte, begann eine intensive Diskussion und die beiden wussten nicht, was sie mit mir anstellen sollten. Da in der Zwischenzeit

hunderte Schaulustige an den Zaun geströmt waren, ließen mich die Polizisten laufen. Doch nun war ich zu weit weg vom Zaun und mit meiner geringen Körpergröße hatte ich keine Chance, über die anderen Köpfe zu sehen, geschweige denn zu fotografieren. Ich nahm sämtliches Geld aus meiner Tasche und bat einen kräftigen, großgebauten Italiener, mich mit meinem 400-mm-Objektiv auf seine Schultern zu hieven. Aus dieser Position schoss ich die Bilder, wie Senna, der natürlich längst aus dem Auto geborgen war, in den Rettungs-Helikopter getragen wurde.

Wieso fotografiert man überhaupt derartige Szenen? Im Moment des Geschehens, hat man keine Ahnung, was Sache ist. Hat man das »Glück«, einen Abflug festzuhalten, bleibt man gedankenlos mit der Kamera auf der Aktion, so lange wie nur möglich. In diesem Moment denkt man nicht im Ansatz daran, dass dabei dem Fahrer etwas passieren könnte. Nehmen wir mal als Beispiel den abartigen Abflug von Robert Kubica beim GP Kanada 2007, als sich der BMW Sauber beim Einschlag in die Mauer in seine Einzelteile auflöste. Es war ein Unfall der übelsten Art. Jeder dachte, dass der Fahrer mit Sicherheit nicht mehr aussteigen würde. Doch Robert kam mit einer Gehirnerschütterung und ein paar Prellungen davon.

Hätte der Fotograf, der perfekt stand, aus reiner Pietät nicht fotografiert, wäre das ein großer Fehler gewesen. Bei Jim Clark war es ganz anders. Da wusste man sofort, dass er den Crash niemals überleben konnte. Doch die Aufnahmen stellen einen dokumentarischen Wert dar, um den möglichen Unfallhergang zu rekonstruieren. Zudem stirbt offiziell im Motorsport nie ein Fahrer am Unfallort, denn das ganze Prozedere mit der Staatsanwaltschaft würde die komplette Veran-

staltung zum Stillstand bringen: Es ist »üblich«, dass Piloten frühestens im Helikopter oder Krankenwagen auf dem Weg ins Spital sterben …

> **Es ist »üblich«, dass Piloten frühestens im Helikopter oder Krankenwagen auf dem Weg ins Spital sterben …**

Der Fotograf sollte aber sehr wohl im Nachhinein seine Bilder prüfen. Das zerstörte Auto zu zeigen, ist in Ordnung. Aber der blutige, schwer verletzte

oder gar tote Fahrer muss nicht der Öffentlichkeit zur Schau gestellt werden. Der italienische Fotograf Angelo Orsi stand bei Sennas Unfall auf dem Fernsehturm und hatte freien Blick auf die Szenerie, wo Ayrton neben dem Auto verarztet wurde. Er hatte davon sehr wohl Fotos gemacht, diese aber nie veröffentlicht.

Lotus verlor in Monza mit Jochen Rindt und Ronnie Peterson gleich zwei seiner Top-Piloten. Im Bild der völlig zerstörte Lotus des Schweden beim Abtransport.

Der letzte Scheck 281

Als Jo Siffert am 24. Oktober 1971 um 14:18 Uhr in Brands-Hatch tödlich verunglückte standen in der ganzen Schweiz die Uhren still. Fünf Tage später reisten 50.000 Personen nach Freiburg zu seinem letzten Geleit. Eine derartig große Trauerfeier hatte unser Land bis dato noch nicht erlebt. Das Schweizer Fernsehen übertrug die Beisetzung live und Siffert wurde posthum zum Schweizer Sportler des Jahres gewählt.

▶ 50 Jahre später pilgerten an seinem Todestag wiederum gut 500 Fans zu einer Schweigeminute an seine letzte Ruhestätte auf dem Friedhof St-Léonard in Freiburg. Mehr Geschichten über Jo Siffert, Michael Schumacher oder Bernie Ecclestone, wie auch noch viele weitere Themen harren noch darauf, erzählt zu werden.

Ein Spiel der Perspektive, wo nur wenige Zentimeter über den Schnittpunkt der rot-weißen Flächen entscheiden. Mit einer Brennweite von 840 mm wurden die seitlichen Curbs zu einer sich aufbäumenden Cobra. Sebastian Vettel im Red-Bull RB9 holte 2013 hier in Austin (Texas) die Pole-Position, fuhr die schnellste Rennrunde und gewann auch das Rennen.

Zum Autor

Daniel Reinhards große fotografische Leidenschaft sind der Auto-Rennsport und Oldtimer-Fahrzeuge. Schon der Vater Sepp (»Katastrophen-Sepp«) Reinhard sowie der Großvater Joseph Reinhard waren Berufsfotografen.

1979 übernahm der 1960 in Sachseln/Schweiz geborene Daniel Reinhard die »Funktion« als Formel-1-Fotograf von seinem Vater und begleitete seither die Fahrer und ihre Fahrzeuge auf allen Rennstrecken der Welt. Dabei entstanden Freundschaften mit vielen Menschen aus der Welt des Rennsports. So wurden ihm Einblicke und fotografische Gelegenheiten geboten, die seinen dokumentarischen und ästhetischen Blick hinter die Kulissen so einzigartig machen.

Seine Aufnahmen erschienen und erscheinen nicht nur in Zeitschriften wie »Auto, Motor und Sport« sowie »Sport Auto«. Sooft aufregende Fotos gesucht werden, greifen auch Tageszeitungen wie die »NZZ« gerne auf den großen Fotoschatz der Fotografen-Dynastie Reinhard zurück.

Zusammen mit Richard Kaan veröffentliche Daniel Reinhard 2018 den großformatigen Bildband »Passion Oldtimer«.

Zu meinem fünfhundertsten fotografisch begleiteten F1-Grand-Prix gab es in Monza 2010 nicht nur großes Lob von Bernie Ecclestone, auch Michael Schumacher ließ es sich nicht nehmen, mir zu gratulieren. Keep fighting Michael!

IMPRESSUM

Verantwortlich: Lothar Reiserer
Layout und Satz: GM
Schlusskorrektur: Ralf Klumb | The Wordworms
Repro: LUDWIG:media
Einbandgestaltung: GM
Herstellung: Vanessa Brunner
Printed in Türkiye by Elma Basim

Sind Sie mit diesem Titel zufrieden? Dann würden wir uns über Ihre Weiterempfehlung freuen. Erzählen Sie es im Freundeskreis, berichten Sie Ihrem Buchhändler, oder bewerten Sie das Werk online. Und wenn Sie Kritik, Korrekturen oder Aktualisierungen haben, freuen wir uns über Ihre Nachricht an den GeraMond Media, Postfach 40 02 09, D-80702 München oder per E-Mail an lektorat@verlagshaus.de.

Unser komplettes Programm finden Sie unter

Alle Angaben dieses Werkes wurden vom Autor sorgfältig recherchiert und auf den aktuellen Stand gebracht sowie vom Verlag geprüft. Für die Richtigkeit der Angaben kann jedoch keine Haftung übernommen werden. Sollte dieses Werk Links auf Webseiten Dritter enthalten, so machen wir uns die Inhalte nicht zu eigen und übernehmen für die Inhalte keine Haftung.

Die Deutsche Nationalbibliothek verzeichnet diese Publikation in der Deutschen Nationalbibliografie, detaillierte bibliografische Daten sind im Internet über http://dnb.d-nb.de abrufbar.

3. Auflage
© 2024 GeraMond Media GmbH, Infanteriestraße 11a, 80797 München

ISBN 978-3-96453-086-8